**O futebol e suas
modalidades associadas**

O selo DIALÓGICA da Editora InterSaberes faz referência às publicações que privilegiam uma linguagem na qual o autor dialoga com o leitor por meio de recursos textuais e visuais, o que torna o conteúdo muito mais dinâmico. São livros que criam um ambiente de interação com o leitor – seu universo cultural, social e de elaboração de conhecimentos –, possibilitando um real processo de interlocução para que a comunicação se efetive.

O futebol e suas modalidades associadas

Emerson Liomar Micaliski
Marina Toscano Aggio de Pontes

EDITORA intersaberes

Rua Clara Vendramin, 58 • Mossunguê • CEP 81200-170 • Curitiba • PR • Brasil
Fone: (41) 2106-4170 • www.intersaberes.com • editora@editoraintersaberes.com.br

Conselho editorial
Dr. Ivo José Both (presidente)
Dr.ª Elena Godoy
Dr. Neri dos Santos
Dr. Ulf Gregor Baranow

Editora-chefe
Lindsay Azambuja

Supervisora editorial
Ariadne Nunes Wenger

Analista editorial
Ariel Martins

Preparação de originais
Luiz Gustavo Micheletti Bazana

Edição de texto
Osny Tavares
Camila Rosa

Capa
Laís Galvão (*design*)
Fotokostic/Shutterstock (imagem)

Projeto gráfico
Luana Machado Amaro

Diagramação
Estúdio Nótua

Equipe de *design*
Sílvio Gabriel Spannenberg
Charles L. da Silva
Mayra Yoshizawa

Iconografia
Sandra Lopis da Silveira
Regina Claudia Cruz Prestes

Dados Internacionais de Catalogação na Publicação (CIP)
(Câmara Brasileira do Livro, SP, Brasil)

Micaliski, Emerson Liomar
 O futebol e suas modalidades associadas/Emerson Liomar Micaliski, Marina Toscano Aggio de Pontes. Curitiba: InterSaberes, 2020. (Série Corpo em Movimento)

 Bibliografia.
 ISBN 978-85-227-0188-9

 1. Esporte – Miscelânea 2. Esportes 3. Esportes coletivos 4. Futebol 5. Futebol – Aspectos sociais 6. Futebol – Treinamento I. Pontes, Marina Toscano Aggio de. II. Título. III. Série.

19-30663 CDD-796.334

Índices para catálogo sistemático:
1. Futebol: Modalidades esportivas: Esportes 796.334

Maria Alice Ferreira – Bibliotecária – CRB-8/7964

1ª edição, 2020.
Foi feito o depósito legal.
Informamos que é de inteira responsabilidade dos autores a emissão de conceitos.
Nenhuma parte desta publicação poderá ser reproduzida por qualquer meio ou forma sem a prévia autorização da Editora InterSaberes.
A violação dos direitos autorais é crime estabelecido na Lei n. 9.610/1998 e punido pelo art. 184 do Código Penal.

Sumário

Apresentação • 13
Como aproveitar ao máximo este livro • 15
Introdução • 19

Capítulo 1
Futebol como modalidade esportiva • 23
    1.1 Aspectos sócio-históricos do futebol • 26
    1.2 Evolução das regras do futebol • 32
    1.3 Organização do futebol • 37
    1.4 Hegemonia do futebol no Brasil • 42
    1.5 Manifestações das torcidas de futebol • 44

Capítulo 2
Futebol nas diferentes concepções de esporte • 55
    2.1 Futebol como esporte educacional • 58
    2.2 Futebol como esporte de rendimento • 63
    2.3 Futebol como esporte de lazer • 69
    2.4 Futebol feminino no Brasil e no mundo • 73

Capítulo 3
Fundamentos técnicos do futebol • 85

3.1 Drible • 88
3.2 Passe • 91
3.3 Chute • 97
3.4 Domínio • 104
3.5 Condução de bola • 106
3.6 Fundamentos técnicos do goleiro • 107

Capítulo 4
Fundamentos táticos do futebol • 115

4.1 Posicionamento dos atletas no futebol de campo • 118
4.2 Evolução dos sistemas táticos • 125
4.3 Transições defensivas (ataque–defesa) • 133
4.4 Transições ofensivas (defesa–ataque) • 136
4.5 Bola parada • 139

Capítulo 5
Futsal • 151

5.1 História do futsal • 154
5.2 Regras do futsal • 157
5.3 Conceitos elementares do futsal • 162
5.4 Fundamentos técnicos aplicados ao futsal • 164
5.5 Sistemas táticos ofensivos no futsal • 172
5.6 Sistemas táticos defensivos no futsal • 179

Capítulo 6
   Modalidades do futebol • 187
   6.1 Futebol *society* • 190
   6.2 Futebol de areia • 194
   6.3 Futevôlei • 198
   6.4 Showbol • 206
   6.5 Modalidades de futebol para pessoas com deficiência física • 210

Considerações finais • 225
Lista de siglas • 227
Referências • 229
Bibliografia comentada • 237
Anexo • 239
Respostas • 241
Sobre os autores • 243

Às pessoas da minha família, que me acompanharam durante minha trajetória de vida, em especial minha esposa Elaine e minha filha Giovana.

Emerson Micaliski

Aos meus pais José Aggio e Luzia Leite Toscano Aggio, que permitiram que eu jogasse e vivesse futebol em um país no qual a prática do esporte ainda é muito masculina. Ao meu filho Marcus Henrique Aggio de Pontes, que trouxe sabedoria e bênção à minha vida.

Marina Aggio

Agradecemos ao professor Marcos Ruiz da Silva, pela confiança, e aos demais professores que contribuíram para que este livro fosse escrito.

Nossos agradecimentos também aos profissionais da Editora InterSaberes, pelo profissionalismo e pela cordialidade.

Apresentação

Nesta obra, versamos sobre modalidade esportiva preferida da população nacional: o futebol. Trata-se do esporte com mais adeptos no mundo, sejam praticantes, sejam telespectadores. Escrever sobre o futebol, portanto, é uma atividade para muitos potenciais interessados. Desde profissionais que atuam direta ou indiretamente com a modalidade até inúmeros apaixonados que desejam conhecer ou se aprofundar na "paixão nacional".

O futebol sempre esteve presente na vida dos autores deste livro. A relação se deu por maneiras diversas e com intensidades distintas, mas é inegável que esse esporte marcou profundamente suas trajetórias como atletas, estudantes ou professores.

Buscando contemplar os diferentes interesses possíveis em uma prática esportiva tão diversificada, organizamos esta obra distribuindo os conteúdos em seis capítulos.

No Capítulo 1, abordamos a história do futebol, explicando como se dava essa prática antes da definição de regras. Avançamos pela institucionalização da modalidade, a fim de elucidar a hegemonia do esporte em nossa cultura. Comentamos ainda o complexo fenômeno das torcidas de futebol.

No Capítulo 2, refletimos sobre o futebol como um esporte educacional, que pode auxiliar a integrar e motivar os estudantes, aumentando o rendimento escolar. Apontamos metodologias de ensino do futebol feminino e adaptado para pessoas com limitações físicas.

Nos Capítulos 3 e 4, discutimos os fundamentos técnicos e táticos, respectivamente. Descrevemos os chutes e dribles, apontando os movimentos necessários para uma execução precisa desses fundamentos. Ao apresentarmos as principais formações táticas do futebol, explicamos porque esse esporte é altamente estratégico e qual é o papel do técnico no caminho para a vitória de um time.

Nos Capítulos 5 e 6, enfatizamos as práticas esportivas que surgiram como variação do futebol de campo. Apresentamos o contexto histórico, as regras e os fundamentos técnicos e táticos das seguintes modalidades: futsal, futebol *society* ou futebol 7, futebol de areia ou *beach soccer*; futebol de cinco ou modalidade olímpica, *showbol* e futebol adaptado.

Esperamos que a leitura deste livro aprofunde o conhecimento de professores de Educação Física, treinadores e demais interessados por esse esporte tão multifacetado. Nossa experiência de vida nos faz ter a convicção de que o esporte contribui imensamente para a formação de valores como perseverança, estratégia e coragem, fatores essenciais para a formação de vencedores, seja no campo, seja na vida.

Como aproveitar ao máximo este livro

Empregamos nesta obra recursos que visam enriquecer seu aprendizado, facilitar a compreensão dos conteúdos e tornar a leitura mais dinâmica. Conheça a seguir cada uma dessas ferramentas e saiba como elas estão distribuídas no decorrer deste livro para bem aproveitá-las.

Introdução do capítulo

Logo na abertura do capítulo, informamos os temas de estudo e os objetivos de aprendizagem que serão nele abrangidos, fazendo considerações preliminares sobre as temáticas em foco.

> Há relatos antropológicos de indígenas de algumas etnias brasileiras jogando seu próprio equivalente do jogo com gomos de látex. Também encontramos registros de marinheiros holandeses, franceses e ingleses, no século XIX, que aproveitavam o tempo disponível para se divertir com jogos de bola nas praias próximas a portos de São Paulo e Rio de Janeiro.
>
> No entanto, o responsável oficial pela introdução do futebol no Brasil foi Charles Willian Miller (1874-1953). Nascido no bairro do Brás, em São Paulo, Miller era filho de ingleses que vieram ao Brasil trabalhar na implantação de ferrovias. Aos 10 anos, foi enviado a Londres para estudar na escola Bannister Court, uma das que mais adotava o futebol como prática estudantil. Miller voltou ao Brasil em 1894, trazendo na bagagem bolas, bomba para inflá-las, chuteiras, uniformes, um livro de regras e o conhecimento acumulado nos anos como praticante na Inglaterra (Souza, 2014).
>
> Pouco mais de um ano após seu retorno, aconteceu o primeiro jogo de futebol com as regras oficiais no Brasil, disputado entre os funcionários da São Paulo Railway contra os funcionários da Companhia de Gás, em Várzea do Carmo, São Paulo. No embate entre as duas empresas inglesas, a São Paulo Railway venceu pelo placar de 4 × 2, com dois gols de Miller (Franco Júnior, 2007).
>
> **Você sabia?**
> Fundado em 1900, o Rio Grande é o clube mais antigo em atividade no Brasil. Apelidado de vovô, veterano e tricolor, seu uniforme tem as mesmas cores da bandeira do Rio Grande do Sul: verde, amarelo e vermelho.
>
> Dias Júnior (2016, p. 27) destaca que o futebol no Brasil se difundiu "por meio dos trabalhadores das estradas de ferro, que deram origem às várzeas, e outro pelos clubes ingleses que introduziram o esporte entre os grupos de elite". Inicialmente,

Você sabia?

Nestes boxes, apresentamos informações complementares e interessantes relacionadas aos assuntos expostos no capítulo.

> Mesmo com poucos investimentos, o Brasil costuma estar entre os dez melhores países no ranking oficial da Fifa. Isso abriu as portas dos clubes internacionais às jogadoras brasileiras, que encontram no estrangeiro as oportunidades que o "país do futebol" ainda é incapaz de dar a elas.
>
> **10 Síntese**
>
> Neste capítulo, foram apresentadas as diferentes abordagens sobre a prática do futebol. Vimos como ela pode ser aplicada ao contexto educacional, em uma dinâmica de lazer e como modalidade de rendimento.
>
> Relembramos os primórdios da prática de futebol nas instituições de ensino, compreendendo que, ao longo do tempo, os educadores físicos foram modificando as estratégias de treinamento. O objetivo deixou de ser a revelação de atletas profissionais, mas sim o desenvolvimento físico e mental dos alunos, a partir de uma atividade lúdica e educativa.
>
> Consideramos também o desenvolvimento de futuros atletas desde a infância. Percebemos que é necessário dividir o treinamento em fases, conforme a idade do jogador, de forma a prepará-lo para os desafios do esporte de alto rendimento.
>
> Por fim, analisamos o panorama do futebol feminino no Brasil. Vimos que as mulheres enfrentaram forte preconceito, o que, inclusive, atrasou o desenvolvimento dessa modalidade no "país do futebol". Lembramos, porém, que a Seleção Brasileira de Futebol Feminino tem conquistado importantes resultados, recuperando terreno em relação à preponderância masculina no esporte.

Síntese

Ao final de cada capítulo, relacionamos as principais informações nele abordadas a fim de que você avalie as conclusões a que chegou, confirmando-as ou redefinindo-as.

Indicações culturais

Para ampliar seu repertório, indicamos conteúdos de diferentes naturezas que ensejam a reflexão sobre os assuntos estudados e contribuem para seu processo de aprendizagem.

Atividades de autoavaliação

Apresentamos estas questões objetivas para que você verifique o grau de assimilação dos conceitos examinados, motivando-se a progredir em seus estudos.

3. Segundo Leal (2000), um dos principais erros ao dominar a bola é deixá-la bater na parte mais dura do corpo. As regiões do corpo mais indicadas para a realização do domínio de bola são:
a) a cabeça, o ombro e a canela.
b) o joelho, o peito e a barriga.
c) as coxas, os pés e as canelas.
d) os pés, o joelho e o peito.
e) o peito, as coxas e os pés.

Atividades de aprendizagem

Questões para reflexão

1. Considere uma situação em que uma equipe teve 70% da posse de bola, mas finalizou menos que o adversário e perdeu o jogo com derrota. Reflita sobre os motivos que podem causar essa aparente discrepância, considerando o objetivo da equipe em manter a posse de bola para chegar ao gol adversário. Como uma equipe pode transformar a posse de bola em produtividade e efetividade?

2. Imagine que você é professor ou treinador de futebol. Ao propor a seus alunos-atletas uma atividade de drible, você planeja um jogo iniciando com reposição curta no campo de defesa, no qual o adversário pode dar combate somente após o atacante (ou seja, quem está com a bola) passar o meio-campo. Nesse jogo, a execução do drible vale 1 ponto, e a realização do gol, 2 pontos. Quais dribles podem ser explorados com esse jogo? Quais são as consequências positivas e negativas de driblar em um jogo de futebol?

Atividades de aprendizagem

Aqui apresentamos questões que aproximam conhecimentos teóricos e práticos a fim de que você analise criticamente determinado assunto.

Bibliografia comentada

FRANCO JÚNIOR, H. **A dança dos deuses**: futebol, sociedade e cultura. São Paulo: Companhia das Letras, 2007.
A obra traz um abordagem geral da análise histórica do futebol relacionada a evolução das regras. O futebol é destacado em diversas áreas de conhecimento, como a sociologia, antropologia, religião, psicologia e linguística.

FOER, F. **Como o futebol explica o mundo**: um olhar inesperado sobre a globalização. Tradução de Carlos Alberto Medeiros. Rio de Janeiro: J. Zahar, 2005.
Franklin Foer aborda as consequências da globalização para o futebol moderno. O autor analisa as rivalidades entre as torcidas organizadas em diferentes lugares do mundo, relacionando-as a fanatismos religiosos e políticos e a uma cultura de ofensas e violência à uja origem é externa ao futebol. O livro ainda relata as relações dos dirigentes de futebol com a política e o fenômeno da elitização do esporte.

FREIRE, J. B. **Pedagogia do futebol**. Londrina: Midiograf, 1998.
Pensando num processo de ensino-aprendizagem do futebol, João Batista Freire descreve sobre a metodologia de ensino de futebol, destacando alguns princípios e condutas pedagógicas presentes nessa modalidade. De forma narrativa, o autor resgata o futebol como uma experiência de vida, de prazer e arte, sem que se perca a liberdade criativa dos praticantes.

DAOLIO, J. D. **Cultura**: educação física e futebol. 3. ed. rev. Campinas: Ed. da Unicamp, 2006.
Livro de referência para os alunos dos cursos de Educação Física e profissionais da área, principalmente para aqueles que já estão trabalhando ou que desejam trabalhar nas instituições escolares. Trata-se de uma coletânea de 14 textos com enfoque na abordagem cultural, que analisam a educação

Bibliografia comentada

Nesta seção, comentamos algumas obras de referência para o estudo dos temas examinados ao longo do livro.

Introdução

Assim como acontece com inúmeros garotos, eu, Emerson, tive o sonho de ser jogador de futebol. Ao comemorar o gol marcado na quadra esportiva do colégio ou no campo de treinamento, imaginava-me como um grande jogador se apresentando nos principais estádios do mundo. Era uma emoção singela e genuína. Para a minha felicidade, as melhores experiências com o futebol viriam mais tarde, como professor e treinador. Tive o prazer de conhecer centenas de alunos e atletas de diferentes idades, meninos e meninas que mantêm vivos o sonho e, principalmente, o prazer em praticar o futebol. Tenho vivido momentos inesquecíveis, de conquistas pessoais e coletivas. A maior vitória se traduz na história de vida de cada pessoa que auxiliei. É, também, algo que me motiva a estudar o futebol em diferentes contextos.

Como muitas meninas brasileiras, eu, Marina, também tive o sonho de ser jogadora de futebol. Por vinte anos, o esporte fez parte da minha vida. De jogadora amadora no Brasil a atleta profissional na Europa, observei duas realidades opostas. Buscando meu espaço no esporte, vivi meus melhores momentos profissionais e conheci diversos lugares do mundo. As pessoas incríveis que encontrei nessa caminhada e as experiências únicas que vivenciei me trouxeram a certeza de que fiz a melhor escolha ao sair da pequena cidade de Iretama, no interior do Paraná, aos

14 anos, deixando minha família para percorrer um caminho incerto. Felizmente, sempre pude contar com o apoio de minha família. Sem suas palavras de carinho, ditas nos momentos mais difíceis, não teria conquistado coisa alguma.

Ao apresentar brevemente nosso envolvimento com esse esporte, registramos nossa imensa alegria em poder compartilhar conhecimentos com alunos, professores e profissionais de educação física que se atraem pelo futebol.

Capítulo 1

Futebol como modalidade esportiva

O futebol é a principal modalidade esportiva do Brasil. Basta sairmos às ruas para vê-lo sendo discutido, noticiado, praticado, enfim, vivido por parcela significativa de nossa população. É um cenário que se repete em muitos países, com maior ou menor intensidade, o que faz do futebol o esporte mais popular do mundo.

Neste capítulo, estudaremos as raízes desse fenômeno popular e midiático. Analisaremos desde os primeiros vestígios da prática até a consolidação de grandes eventos globais como a Copa do Mundo e a Liga dos Campeões da União das Associações Europeias de Futebol (UEFA).

Para tanto, explicaremos o contexto de seu surgimento e de sua "importação" para o Brasil, as articulações que resultaram nos órgãos responsáveis por sua administração e a organização das competições mais importantes. De forma correlata, analisaremos algumas manifestações das torcidas de futebol em contextos socioculturais diversos.

1.1 Aspectos sócio-históricos do futebol

O futebol tem raízes profundas na história e pistas antropológicas em diversas partes do mundo. Os primeiros relatos que podemos interpretar como uma gênese do futebol surgiram na China, por volta de 2000 a.C. Conforme Murad (2012), citado por Souza (2014, p. 23), "após os combates, a tribo vencedora jogava um 'futebol' cujas 'bolas' eram cabeças dos derrotados: a do chefe e mais seis dos melhores guerreiros inimigos, os mais valentes e habilidosos". Essa cruel comemoração consistia em um exercício militar chamado *tsu-chu* (chutar), que pode ser considerado mais uma celebração de guerra que um esporte. Há, porém, algumas aproximações interessantes com a forma atual do futebol. Por exemplo, a delimitação do campo, das balizas e do número de praticantes por time. O *tsu-chu* era disputado em um terreno quadrado de 30 m a 60 m, envolvendo dois grupos de 12 militares. O objetivo era colocar uma bola cheia de cabelo ou crina (simbolizando a cabeça) entre as varas de bambu fincadas no chão com um vão de aproximadamente 40 cm (Franco Júnior, 2007).

Ainda na Ásia, encontramos referências ao "jogo do *kemari*, criado no Japão com registros a partir do século I a.C., que também se traduz em chutar (*ke*) bola (*mari*)" (Franco Júnior, 2007, p. 15). Tal como o *tsu-chu*, o jogo surgiu na cultura militar e aristocrática, desenvolvida por imperadores chineses. No entanto, adaptou-se para uma cerimônia mais "civilizada", perdendo o caráter bélico. Na nova versão, a bola circulava entre oito jogadores, que não poderiam deixá-la cair ou tocar o solo (Franco Júnior, 2007). Souza (2014, p. 23) observa que, "em comparação ao *tsu-chu*, o *kemary* estaria mais ligado ao chamado 'futebol arte' do que ao 'futebol força', o que sugere que esta ambivalência é histórica é muito anterior ao esporte moderno".

Também encontramos primórdios do futebol nas civilizações pré-colombianas. Na versão praticada pelos maias, dois times de sete jogadores trocavam de passes, sem deixar a bola cair no chão, com o objetivo de arremessar a bola em aros de pedra fixados a metros de altura no campo adversário (Franco Júnior, 2007). O jogo, chamado *tlachtli*, era disputado em um espaço retangular que variava entre 25 m e 63 m de comprimento por 6 m de largura. As partidas costumavam durar dias. Relatos históricos indicam que os jogadores da equipe derrotada tinham a cabeça decapitada porque, conforme observa Murad (2012), citado por Souza (2014, p. 23), acreditava-se "que o sangue jorrado divinizaria a terra, e, desse modo, o sagrado tentaria controlar o excesso de emoções".

Na cidade de Esparta, na Grécia Antiga, encontramos o jogo chamado *epyskiros*, disputado com os pés e as mãos entre dois grupos de 9 a 15 participantes em um campo retangular.

No fim da Idade Média, a aristocracia de Florença, na Itália, desenvolveu o *calcio*, talvez o antepassado mais recente do futebol moderno. Por volta de 1580, foram introduzidas algumas regras formais a esse esporte:

- o uso das mãos e dos pés para tocar a bola;
- o registro de gols quando a bola passava pelas barracas armadas ao fundo de cada campo;
- a instituição de uma equipe de até 10 árbitros; e
- e a limitação de até 27 jogadores por equipe, conforme o tamanho de cada campo.

Mesmo após os ingleses modificarem as regras do jogo (excluindo o uso das mãos, por exemplo), o nome *calcio* segue sendo usado na língua italiana para designar o futebol atual (Franco Júnior, 2007).

A parte mais conhecida da história do futebol é a definição das regras modernas[1] pela Inglaterra, no século XIX. Contudo, vamos recuar um pouco mais para observar as primeiras manifestações da modalidade naquele país, que remontam ao século XII. Os primeiros registros de pé na bola na Inglaterra ocorreram por volta "de 1174, quando ingleses de várias cidades saíram às ruas chutando uma bola de couro, em comemoração pela expulsão dos invasores dinamarqueses" (Franco Júnior, 2007, p. 16). Essa bola, que não sabemos como era confeccionada, representava a cabeça dos soldados inimigos.

No século XII, o jogo de bola com os pés havia se tornado um popular esporte de rua. Sem qualquer regra estabelecida, começou a ser considerada uma atividade bárbara. O rei Eduardo III proibiu a prática em 1365, sob a alegação de que as pessoas estavam se afastando de atividades mais nobres e úteis realizadas com as mãos, como o arco e flecha ou o tiro com arco. Mesmo assim, "desde então se multiplicaram as menções ao jogo com os pés, designado muitas vezes pela palavra *football*. Essas celebrações anuais e invernais com frequência causavam distúrbios, sem

---

[1] Após a sistematização e organização das regras, o futebol passou a ser considerado *moderno*, ao passo que outras práticas ligadas ao esporte e sem normas institucionalizadas foram chamadas de *primitivas*.

que se tenha conseguido antes do séc. XIX transformá-las de *play* (jogo livre) em *game* (jogo regrado)" (Franco Júnior, 2007, p. 18-19).

Ainda buscando refrear a violência, algumas regras foram criadas no início do século XVIII para limitar o contato físico entre os jogadores, abrindo caminho para a instituição do jogo no formato atual. A atividade passou a ser praticada em escolas tradicionais de Londres, conquistando novos adeptos. Porém, cada instituição aplicava as próprias regras. Algumas, inclusive, voltaram a admitir o uso das mãos (Souza, 2014). A partir disso, foram definidas as normas que fundaram o rúgbi, em meados do século XIX. Nessa modalidade, a bola é carregada com as mãos, podendo ser chutada em alguns momentos, conforme a estratégia. Anos depois, essa modalidade foi separada de sua contraparte disputada somente com os pés – da qual derivou o futebol moderno (Franco Júnior, 2007).

Em 1863, foi realizada uma reunião em Londres com representantes de 11 escolas para a padronização do jogo com os pés. Era fundada a Football Association, que passou a definir, além das normas, as tabelas de jogos e o credenciamento de equipes para os campeonatos. Em 1886, as quatro associações de futebol britânicas (Escócia, Inglaterra, Irlanda e País de Gales) fundaram a International Football Association Board (Ifab), uma entidade mundial responsável por desenvolver e preservar as regras do jogo (Fifa, 2019a). A partir disso, o futebol regrado começou a se expandir para o mundo.

1.1.1 O futebol no Brasil

Vamos, agora, rastrear sua chegada ao Brasil. Qual é o contexto do surgimento da modalidade no Brasil? Quem foi o responsável pela introdução desse esporte na cultura brasileira? E, principalmente, por que o futebol se tornou tão popular no país?

Há relatos antropológicos de indígenas de algumas etnias brasileiras jogando seu próprio equivalente do jogo com gomos de látex. Também encontramos registros de marinheiros holandeses, franceses e ingleses, no século XIX, que aproveitavam o tempo disponível para se divertir com jogos de bola nas praias próximas a portos de São Paulo e Rio de Janeiro.

No entanto, o responsável oficial pela introdução do futebol no Brasil foi Charles Willian Miller (1874-1953). Nascido no bairro do Brás, em São Paulo, Miller era filho de ingleses que vieram ao Brasil trabalhar na implantação de ferrovias. Aos 10 anos, foi enviado a Londres para estudar na escola Bannister Court, uma das que mais adotava o futebol como prática estudantil. Miller voltou ao Brasil em 1894, trazendo na bagagem bolas, bomba para inflá-las, chuteiras, uniformes, um livro de regras e o conhecimento acumulado nos anos como praticante na Inglaterra (Souza, 2014).

Pouco mais de um ano após seu retorno, aconteceu o primeiro jogo de futebol com as regras oficiais no Brasil, disputado entre os funcionários da São Paulo Railway contra os funcionários da Companhia de Gás, em Várzea do Campo, São Paulo. No embate entre as duas empresas inglesas, a São Paulo Railway venceu pelo placar de 4 × 2, com dois gols de Miller (Franco Júnior, 2007).

Você sabia?

Fundado em 1900, o Rio Grande é o clube mais antigo em atividade no Brasil. Apelidado de *vovô*, *veterano* e *tricolor*, seu uniforme tem as mesmas cores da bandeira do Rio Grande do Sul: verde, amarelo e vermelho.

Dias Júnior (2016, p. 27) destaca que o futebol no Brasil se difundiu "por meio dos trabalhadores das estradas de ferro, que deram origem às várzeas, e outro pelos clubes ingleses que introduziram o esporte entre os grupos de elite". Inicialmente, o futebol era exclusivo de clubes de elite. A partir do início do século XX, agremiações de origem operária começaram a surgir em diversas regiões do país.

Alguns nomes são lembrados como os dissipadores da modalidade pelo país. Conforme Unzelte (2002, p. 22), "em 1900, os alemães Johannes Minnemann e Richard Voelckers apresentaram a modalidade no Rio Grande do Sul". Em 1902, foi fundado o primeiro grande clube do Rio de Janeiro, o Fluminense Football Club. A criação da agremiação ocorreu um ano após o estudante Oscar Cox retornar da Europa, trazendo também o material importado necessário para a prática do futebol, conseguindo com algum esforço implantar o esporte na consolidada estrutura dos clubes de remo cariocas" (Capraro, 2002, p. 21).

Na Bahia, "José Ferreira Júnior, mais conhecido como 'Zuza', deu o pontapé inicial em terras baianas por volta de 1901" (Santos, 2009, p. 3). Em Pernambuco, o futebol chegou a Recife por volta de 1903 e, de modo semelhante a outros estados do país", foi "trazido por um jovem brasileiro educado na Inglaterra, Guilherme de Aquino Fonseca" (Lima, 2010, p. 1). Unzelte (2002, p. 22) também cita Vito Serpa, que, "em 1904, intermediou esse esporte em Minas Gerais". No Paraná, o futebol "tem oficialmente seus primeiros adeptos no município de Ponta Grossa, em 1908. O esporte chegou ao estado por intermédio do inglês Charles Wright" (Laibida, 2009, p. 3), um dos encarregados da "construção da linha férrea que ligava o Paraná a São Paulo e ao Rio Grande do Sul".

Alguns clubes ganharam popularidade, reunindo milhares de torcedores. Com o passar dos anos, tornaram-se referência em competições nacionais e internacionais. Atualmente, os principais clubes brasileiros são Corinthians, Palmeiras, São Paulo e Santos (em São Paulo); Flamengo, Fluminense, Vasco e Botafogo (no Rio de Janeiro); Grêmio e Internacional (no Rio Grande do Sul); Atlético-MG e Cruzeiro (em Minas Gerais); Athletico Paranaense, Coritiba e Paraná Clube (no Paraná); Bahia e Vitória (na Bahia); Sport, Naútico e Santa Cruz (em Pernambuco); Ceará e Fortaleza (no Ceará); Figueirense, Avaí, Criciúma e Chapecoense (em Santa Catariina), entre outros.

1.2 Evolução das regras do futebol

A Federação Internacional de Futebol (Fifa) uniu-se ao Ifab em 1913. Desde então, para que uma regra sofra qualquer tipo de alteração, é necessário convencer a Ifab de que a mudança trará benefícios à prática do futebol (CBF, 2018).

Coelho (2002) destaca a evolução das regras do futebol ao longo dos anos. As principais alterações estão indicadas no quadro a seguir.

Quadro 1.1 – Evolução das regras do futebol

Ano	Alteração
1866	Permissão para realizar passes para frente.
1871	Autorização para que um jogador possa utilizar as mãos para impedir o gol adversário. Ou seja, surge o goleiro.
1872	Escanteios foram inseridos para as situações em que um defensor chutava a bola para fora pela linha de fundo.
1874	Expulsões e mudança de lado de campo no intervalo.
1875	O travessão foi inserido sobre os postes. Antes disso, a altura do gol era determinada por uma fita.
1877	O tempo de jogo é limitado a 90 minutos, sem acréscimos.
1878	O árbitro pode utilizar o apito para assinalar suas marcações.
1882	O arremesso lateral com as duas mãos foi introduzido na prática.
1890	Redes atrás das traves começam a ser utilizadas.
1891	Os árbitros são reconhecidos como as principais autoridades dentro do campo, com o auxílio de mais dois auxiliares de linhas. Introdução do pênalti.
1896	O número máximo de jogadores é fixado em 11.

(continua)

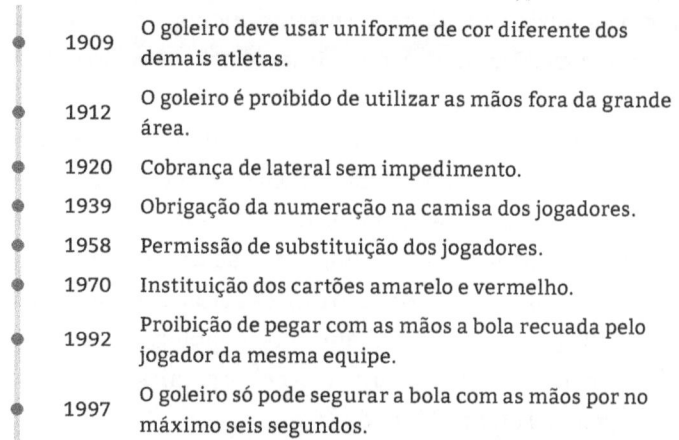

(Quadro 1.1 – conclusão)

•	1909	O goleiro deve usar uniforme de cor diferente dos demais atletas.
•	1912	O goleiro é proibido de utilizar as mãos fora da grande área.
•	1920	Cobrança de lateral sem impedimento.
•	1939	Obrigação da numeração na camisa dos jogadores.
•	1958	Permissão de substituição dos jogadores.
•	1970	Instituição dos cartões amarelo e vermelho.
•	1992	Proibição de pegar com as mãos a bola recuada pelo jogador da mesma equipe.
•	1997	O goleiro só pode segurar a bola com as mãos por no máximo seis segundos.

Fonte: Elaborado com base em Coelho, 2002.

A lista inclui apenas regras bem-sucedidas. Outras, no entanto, foram testadas, mas não se firmaram. Um exemplo recente é a *morte súbita*, também conhecida como *gol de ouro*[2]. Em 2004, após reivindicações de diversas equipes, deixou de fazer parte do regulamento de competições oficiais. O objetivo das mudanças de regra é melhorar o espetáculo, tornando-o mais dinâmico. Um exemplo é o uso dos cartões amarelo e vermelho para o controle da disciplina.

Antes da introdução dos cartões amarelo e vermelho, o árbitro advertia os jogadores de forma verbal – o que causava muita confusão durante as partidas, sobretudo quando o árbitro e os atletas eram de países diferentes. Além disso, a torcida não conseguia entender o que estava acontecendo, acirrando ainda mais os ânimos no estádio. Os cartões foram instituídos em 1970, depois de um lance de grande repercussão negativa ocorrido na Copa do Mundo anterior, em 1966. Durante o jogo entre Inglaterra e Argentina, o capitão argentino foi conversar com o árbitro alemão sobre as advertências feitas aos jogadores de sua equipe. Como

---

[2] Na prorrogação, o jogo era encerrado assim que uma equipe conseguisse marcar um gol.

jogador e árbitro não falavam o mesmo idioma, o atleta argentino começou a gesticular. O árbitro interpretou os gestos como xingamentos e expulsou o jogador, que não entendeu sua exclusão do jogo e se recusou a sair, aumentando ainda mais a confusão.

A partir desse caso, a Fifa percebeu a necessidade de criar códigos universais para o futebol. Dessa forma, foram instituídos os cartões amarelo e vermelho, sugestão de um árbitro inglês que se inspirou no semáforo de trânsito, ou seja, uma linguagem universal! Quando a luz está amarela, o motorista deve manter a calma ou ficar atento. O sinal vermelho significa "pare" ou, na linguagem do futebol, "fora de jogo".

As regras oficiais da Ifab devem ser aplicadas em partidas oficiais de todas as entidades responsáveis por competições de futebol no mundo. As determinações para a realização da partida são derivadas de 17 regras principais. No Quadro 1.2, são listados os tópicos gerais e específicos abordados nessas regras.

Quadro 1.2 – Tópicos abordados nas principais regras do futebol

1.	**Campo de jogo**	Superfície de jogo; marcação do campo; dimensões; dimensões para jogos internacionais; área de meta; área penal (área de pênalti); área de tiro de canto; postes de bandeiras; área técnica; metas; tecnologia de linha de meta (TLM); publicidade comercial; logotipos e emblemas.
2.	**Bola**	Características e medidas; substituição de bola defeituosa; bolas adicionais.
3.	**Jogadores**	Número de jogadores; número de substituições; procedimento de substituição; troca de goleiro; infrações e sanções; jogadores e substitutos expulsos; pessoas extras no campo de jogo; jogador fora do campo de jogo; gol marcado com pessoa extra no campo de jogo; capitão de equipe.
4.	**Equipamento dos jogadores**	Segurança; equipamento obrigatório; cores; outro equipamento; *slogans*, declarações, imagens e publicidades; infrações e sanções.

(continua)

(Quadro 1.2 – conclusão)

5.	**Árbitro**	A autoridade do árbitro; decisões do árbitro; poderes e deveres; equipamento do árbitro; sinais do árbitro; responsabilidade dos oficiais de arbitragem.
6.	**Outros oficiais de arbitragem**	Árbitros assistentes; quarto árbitro; árbitros assistentes adicionais; árbitro assistente de reserva; sinais do árbitro assistente; sinais do árbitro assistente adicional.
7.	**Duração do jogo**	Partes do jogo; intervalo; recuperação do tempo perdido; tiro penal (pênalti); suspensão definitiva do jogo.
8.	**Início e reinício do jogo**	Tiro inicial (saída); procedimento de bola ao chão.
9.	**Bola em jogo e fora de jogo**	Bola fora de jogo; bola em jogo.
10.	**Determinação do resultado de um jogo**	Gol marcado; equipe vencedora; tiros desde a marca penal.
11.	**Impedimento**	Posição de impedimento; infração de impedimento; não é infração; infrações e sanções.
12.	**Faltas e incorreções**	Tiro livre direto; tiro livre indireto; medidas disciplinares; reinício do jogo após faltas e incorreções.
13.	**Tiros livres**	Tipos de tiros livres; infrações e sanções.
14.	**Tiro penal (pênalti)**	Procedimento; infrações e sanções; quadro-resumo (resultado do tiro penal).
15.	**Arremesso lateral**	Procedimento; infrações e sanções.
16.	**Tiro de meta**	Procedimento; infrações e sanções.
17.	**Tiro de canto**	Procedimento; infrações e sanções.

Fonte: Elaborado com base em CBF, 2018.

As normas são revistas anualmente, buscando-se tornar o esporte mais justo, dinâmico e satisfatório ao público. As propostas de mudanças são avaliadas a partir de critérios como:

Legitimidade e Integridade

A proposta de mudança fortalecerá a legitimidade e a integridade no campo de jogo?

Universalidade e Inclusão

A proposta de mudança trará benefícios ao futebol em todos os níveis e em todo o mundo?

A proposta de mudança fará com que mais pessoas de todas as condições e capacidades participem e desfrutem do futebol?

Adoção tecnológica

A proposta de mudança terá um impacto positivo no jogo? (CBF, 2017, p. 21)

Ainda que as regras do futebol sejam relativamente simples quando comparadas a outras modalidades, determinados lances provocam discussões por parte de jogadores, comissão técnica, imprensa esportiva e torcedores. São os chamados *lances interpretativos*, que dependem da maneira como o árbitro viu e entendeu os acontecimentos. Podemos mencionar:

- bola que talvez não tenha atravessado completamente a linha do gol;
- falta sofrida no limite da área;
- advertência ao jogador passível de cartão amarelo ou vermelho;
- toque na bola com a mão acidental ou intencional;
- atacante que parte do limite da posição de impedimento.

Esses lances costumam ser muito rápidos, exigindo do árbitro uma decisão imediata, aumentando-se a possibilidade de erro. Porém, muitas vezes a dúvida não é dirimida mesmo com a análise de especialistas, que reveem o lance por diversos ângulos. A Fifa tem buscado soluções tecnológicas que aumentem a sensação de justiça nas marcações, como o árbitro de vídeo para revisão de jogadas sensíveis (pênaltis, agressões, gols em impedimento) e a tecnologia de linha de gol, que identifica a passagem da bola com precisão milimétrica (CBF, 2018).

1.3 Organização do futebol

Nesta seção, abordaremos a formação das entidades organizadoras do futebol. Nosso escopo é a história e a gestão desses órgãos. Embora as dimensões políticas e sociológicas sejam bastante interessantes, inclusive para pensar o esporte como fenômeno comportamental humano, deixaremos essa abordagem para outro momento e espaço.

Comecemos com a entidade máxima do futebol. A Fifa foi fundada em 1904, quando representantes da modalidade de Bélgica, Dinamarca, Espanha, Holanda, Suécia, França e Suíça reuniram-se em Paris para discutir a padronização de regras e a implementação de um órgão dirigente internacional para o futebol. No encontro, foram criados "os primeiros estatutos da Fifa, unificando as leis do jogo para torna-lo justo e claro para todos, e buscaram estabelecer a base para todo o futuro desenvolvimento do futebol" (Pizarro, 2015, p. 44).

Após a fundação, países como Inglaterra, Alemanha e Itália se filiaram, participando das primeiras competições organizadas pela entidade. Para além de questões políticas, econômicas e administrativas, a Fifa se fortaleceu gradativamente, com a criação e a adesão de novas federações nacionais em todos os continentes, expandindo o futebol por todo o mundo.

Você sabia?

A Copa do Mundo de Futebol é o segundo maior evento esportivo do mundo, atrás apenas dos Jogos Olímpicos. Cada edição envolve bilhões de dólares investidos por grandes empresas patrocinadoras, ampla cobertura de imprensa e recordes globais de audiência na televisão.

Pizarro (2015) elenca 50 federações nacionais associadas à Fifa em 1930, ano da primeira Copa do Mundo. Com a popularidade do futebol, o número de membros cresceu gradativamente. Em 2019, 211 federações nacionais estavam filiadas à entidade.

Sediada em Zurique, na Suíça, a Fifa supervisiona as confederações intercontinentais e nacionais, além de associações filiadas ao futebol em todos os continentes. É responsável pela organização de grandes eventos esportivos nas modalidades de futebol de campo, futebol de areia e futsal. Como exemplos dessas competições, podemos citar:

- Copa do Mundo Fifa
- Copa do Mundo Fifa U-20
- Copa do Mundo Fifa U-17
- Copa Fifa das Confederações
- Copa do Mundo de Clubes Fifa
- Copa do Mundo Fifa de Futsal
- Copa do Mundo Fifa Beach Soccer
- Torneio Olímpico Masculino de Futebol

Para gerenciar todos esses eventos, a Fifa mantém mais de 300 colaboradores de diversas nacionalidades. Esses colaboradores são formados "pelo Comitê Executivo (órgão executivo), pelo Congresso (órgão legislativo), pela Secretaria Geral (órgão administrativo), pelos comitês e pelos órgãos jurídicos" (Pizarro, 2015, p. 51).

Pizarro (2015, p. 51 e 53) também descreve o topo do organograma da Fifa:

> O chamado Comitê Executivo da Fifa é composto pelo presidente, pelo secretário executivo, por sete vice-presidentes e 16 membros. É o órgão que tem a responsabilidade pelas decisões não previstas para o Congresso da Fifa ou para outro órgão de seu Estatuto. [...] As questões administrativas, logísticas e das ações executivas são de responsabilidade da secretaria geral, a qual é auxiliada por mais de 25 comitês permanentes.

Trabalham em conjunto para pôr em prática as decisões tomadas pelo órgão executivo e pelo congresso.

Além dos comitês executivo, legislativo, administrativo e jurídico, a Fifa possui seis confederações intercontinentais. Confederação Sul-Americana de Futebol (Conmebol), Confederação de Futebol da América do Norte, Central e Caribe (Concacaf), UEFA, Confederação Asiática de Futebol (AFC), Confederação Africana de Futebol (CAD) e Confederação de Futebol da Oceania (OFC) são supervisionadas / controladas pela Fifa, sendo responsáveis pela organização das principais competições e pela administração do futebol em cada continente, abrangendo os principais clubes das federações nacionais associadas.

A seguir, vamos conhecer melhor cada uma dessas confederações intercontinentais:

Confederação Sul-Americana de Futebol (Conmebol)

- **Fundação:** 1916
- **Sede:** Luque, Paraguai
- **Afiliados:** 10
- **Principais competições:** Copa América (seleções); Conmebol Libertadores, Conmebol Sul-Americana e Recopa (clubes)
- **Curiosidade:** É a mais antiga confederação continental, somando mais de 100 anos de história

União das Associações Europeias de Futebol (UEFA)

- **Fundação:** 1954
- **Sede:** Nyon, Suíça
- **Afiliados:** 55
- **Principais competições:** UEFA Euro (seleções); UEFA Champions League, Europa League (clubes)
- **Curiosidade:** Promove as competições com o maior interesse global, pois concentra a maior parcela dos melhores jogadores

Confederação Asiática de Futebol (AFC)

- **Fundação**: 1954
- **Sede**: Kuala Lumpur, Malásia
- **Afiliados**: 47
- **Principais competições**: Copa da Ásia (seleções); Liga dos Campeões da AFC, Copa Asiática (clubes)
- **Curiosidades**: A Austrália está localizada na Oceania, mas, desde 2006, joga as eliminatórias para a Copa do Mundo e as competições continentais pela AFC

Confederação Africana de Futebol (CAF)

- **Fundação**: 1957
- **Sede**: Cairo, Egito
- **Afiliados**: 56
- **Principais competições**: Copa Africana de Nações, Campeonato das Nações Africanas (seleções); Liga dos Campeões da CAF (clubes)
- **Curiosidade**: O continente está subdividido em seis zonas geográficas, cada uma com sua própria subconfederação

Confederação de Futebol da América do Norte, Central e Caribe (Concacaf)

- **Fundação**: 1961
- **Sede**: Miami, Estados Unidos
- **Afiliados**: 38
- **Principais competições**: Copa Ouro da Concacaf, Copa da Nações da Uncaf, Copa do Caribe (seleções); Liga dos Campeões da Concacaf, Campeonato de clubes da CFU (clubes)
- **Curiosidade**: Apesar de estarem localizados na América do Sul, Guiana, Suriname e Guiana Francesa também são associados à Concacaf

Confederação de Futebol da Oceania (OFC)

- **Fundação**: 1966

- **Sede**: Auckland, Nova Zelândia
- **Afiliados**: 14
- **Principais competições**: Copa das Nações da Oceania (seleções); Liga dos Campeões da Oceania (clubes)
- **Curiosidade**: Única confederação sem vaga direta para a Copa do Mundo. A seleção mais bem classificada nas eliminatórias do continente disputa uma vaga contra a quinta colocada nas eliminatórias da Conmebol

Fonte: Elaborado com base em Conmebol, 2019; UEFA, 2019b; AFC, 2019; CAF, 2019; Concacaf, 2019; OFC, 2019.

Com essas informações, torna-se mais fácil compreender o organograma das entidades de gestão do futebol. As confederações intercontinentais são formadas por diversas confederações nacionais. A Conmebol, por exemplo, é a instituição responsável pela organização do futebol em suas dez federações nacionais associadas. Uma delas é a Confederação Brasileira de Futebol (CBF), principal entidade organizadora de competições no Brasil, composta pelas federações estaduais responsáveis pelos campeonatos locais de clubes.

Percebemos aqui a estrita hierarquia do futebol mundial. A Fifa é a entidade máxima, seguida por confederações intercontinentais, confederações nacionais, federações regionais e, por último, pelos clubes. As decisões da Fifa são designadas às confederações continentais, que as transmite às federações nacionais ou regionais. Se um conflito gerado em uma partida sob responsabilidade de uma entidade não é resolvido, o caso sobe para instâncias maiores.

1.4 Hegemonia do futebol no Brasil

O futebol é, sem dúvida, o esporte mais popular do Brasil. Sua influência ultrapassa, por larga margem, o território do esporte. Trata-se de uma paixão nacional, caldo da cultura e parte de nossa identidade como povo. Talvez não haja assunto mais recorrente em rodas de conversa. O time do coração é considerado um atributo de personalidade, quando não uma "qualidade". De acordo com uma pesquisa realizada em 2016, mais de 80% dos brasileiros torce por algum clube (Pesquisas..., 2016).

Os jogadores têm *status* de celebridades. As inúmeras mesas-redondas debatem cada lance à exaustão. Os torcedores mais apaixonados participam politicamente da vida dos clubes, cobrando desempenho, pressionando por mudanças na comissão técnica e no time (às vezes, com certa violência). Os jogos da Seleção Brasileira, principalmente durante a Copa do Mundo, são um fenômeno ainda mais abrangente. Os brasileiros conhecem bem o clima de Copa: quando as empresas e escolas decretam recessos informais, as ruas ficam desertas e a audiência da transmissão é absoluta.

O Diagnóstico Nacional do Esporte (Diesporte), publicado pelo Ministério do Esporte em 2013, revela a grande predominância do futebol entre os praticantes de atividades esportivas no Brasil (Tabela 1.1).

Tabela 1.1 – Classificação das modalidades esportivas conforme o percentual de praticantes no Brasil (2013)

Modalidade	% de praticantes
Futebol	59,8%
Voleibol	9,7%
Natação	4,9%
Futsal	3,3%
Handebol	2,0%
Basquetebol	1,8%
Ciclismo	1,7%
Karatê	1,4%
Capoeira	1,2%
Artes marciais	0,8%
Outras	14,6%

Fonte: Elaborado com base em Brasil, 2019.

Essa hegemonia estimula algumas reflexões: Por que o futebol é o esporte mais popular no país? Como essa popularidade foi construída e qual a razão de sua persistência? Uma resposta rigorosa demandaria a análise de variáveis históricas e sociais. É possível, no entanto, apontar alguns caminhos interpretativos, como a similaridade da modalidade com os valores da sociedade, a reiterada visibilidade e o valor atribuído pelo governo e por diversas instituições sociais. Há, ainda, fatores menos óbvios, mas igualmente relevantes.

Destaquemos a ampla exposição do futebol na mídia. Smouter, Gomes e Coutinho (2017, p. 396) analisaram as edições nacionais do programa Globo Esporte, da Rede Globo, durante 13 dias, em setembro de 2016. Os pesquisadores constataram que "em média 78,7% das notícias de cada edição estavam vinculadas ao esporte futebol, enquanto 21,3% se vinculavam aos demais esportes no conjunto".

Os autores do estudo citam Pimenta e Honorato (2010) para ressaltar que "o esporte se constitui num elemento de aprendizagem humana com ênfase nos aspectos sociais e políticos, portanto, à medida que o futebol enquanto esporte é hegemonicamente mais difundido que os demais esportes, subentende-se que ele possui maior impacto nos referidos aspectos".

De forma semelhante, Martins (2016, p. 21) apresenta a seguinte citação:

> O esporte tem sua evolução, valores e conquistas atrelados à sociedade em que se insere, ou seja, é uma prática que deve ser contextualizada no tempo e no espaço da sua socialização. É um fenômeno sociocultural que domina e sofre influência e muitas vezes, seus problemas são os mesmos imbuídos da própria sociabilidade. Cada vez mais o esporte se torna parte do nosso mundo social (MARQUES, et al., 2009; BARBANTI, 2012).

Esses fatores influenciam elementos culturais, econômicos, políticos e midiáticos em favor do futebol. Essa hegemonia é percebida em diversos contextos socioeconômicos e culturais do Brasil, gerando, inclusive, intensas manifestações de torcedores.

1.5 Manifestações das torcidas de futebol

O futebol é mais que um fenômeno esportivo; é, também e principalmente, social e comportamental. Mistura de paixão e entretenimento, estimula reações de alegria, tristeza, tensão, angústia, orgulho, ansiedade e vários outros sentimentos.

Para o torcedor, o dia de jogo é uma cerimônia completa. É possível observar adultos, jovens e crianças com os rostos pintados, vestidos com a camisa de seu time (os mais empolgados chegam a usar fantasias). Esse "transe" é marcado por ritmos sonoros (hinos, cornetas, apitos e gritos de guerra) produzidos em grupo. Não é exagero apontar tons religiosos à celebração. A massa produz um ritual celebratório que, em diversos momentos, parece conectado ao transcendente. Um exemplo clássico é a tradicional ola[3], que congrega a multidão no estádio a formar uma espécie de paisagem humana – nesse caso, imitando uma ação da natureza.

A intensidade da manifestação tende a variar conforme o meio sociocultural de cada região ou país. Se compararmos o comportamento das arquibancadas durante os jogos da Copa Libertadores com a postura dos torcedores europeus durante as partidas da Liga dos Campeões, podemos identificar, de modo geral, um vigor exacerbado dos latino-americanos, que cantam,

---

[3] A ola é um "movimento coordenado, realizado por toda a torcida presente no estádio e que consiste em levantar-se e sentar-se de forma a fazer o mar de pessoas presentes nas arquibancadas imitarem o movimento de onda realizado pelo mar" (Marra, 2010, p. 11).

vaiam, xingam e comemoram de maneira ostensiva. O torcedor europeu, por sua vez, tende a ser mais contido.

As pulsões do torcedor são mais evidentes nos jogos decisivos. A comemoração por um campeonato conquistado tende a extravasar uma tensão acumulada durante toda a temporada – ou mais, conforme o tempo de espera do clube por um título. De maneira oposta, o rebaixamento a uma divisão inferior pode gerar reações de extrema tristeza, próximas ao luto. Muitas vezes, a aflição pela derrota é canalizada para as torcidas rivais, sob a forma de violência. Podemos citar casos recentes protagonizados pelas torcidas do Coritiba, em 2009[4]; do Vasco, em 2013[5]; e da Ponte Preta, em 2017[6].

Mesclando alegrias e tristezas, o futebol é fonte de inspiração para a criatividade festiva em diversas culturas. Como não se encantar com as danças e cantos tradicionais das torcidas africanas, ou até mesmo das infames vuvuzelas, que deram às partidas da Copa do Mundo de 2010, na África do Sul, um ruído cômico e irritante em igual medida. Porém, também devemos lamentar os vários episódios de violência, vandalismo, racismo, machismo e homofobia. De alguma forma, o futebol parece ter a capacidade adicional de fazer emergir os impulsos mais baixos da espécie

---

[4] Decretado o rebaixamento do Coritiba, após um empate por 1 × 1 com o Fluminense, "torcedores invadiram o campo e partiram para cima do trio de arbitragem e dos jogadores e integrantes da comissão técnica do Fluminense. As agressões foram bárbaras e a polícia não conseguiu conter a torcida." (Klisiewicz, 2009).

[5] "Uma briga entre torcedores na arquibancada da Arena Joinville [...] paralisou o jogo entre Atlético-PR e Vasco aos 17 minutos do primeiro tempo, quando os paranaenses venciam por 1 a 0, na tarde deste domingo. Depois de uma hora e dez minutos, em que dirigentes e autoridades discutiram que rumo tomar, apartida voltou a ser disputada." Houve diversos torcedores feridos e o resultado do jogo resultou no rebaixamento da equipe carioca (Briga..., 2013).

[6] Não satisfeitos com a derrota e o rebaixamento da Ponte Preta, alguns torcedores invadiram o campo para ameaçar e agredir os jogadores. Após essa invasão ao campo de jogo e a falta de segurança, a partida entre Ponte Preta e Vitória/BA foi encerrada aos 38 minutos do 2º tempo (Esmeriz, 2017).

humana. Esse comportamento negativo é tema recorrente na imprensa e objeto de diversos estudos acadêmicos, conduzidos em várias áreas.

No contexto internacional, um caso bastante analisado é o dos torcedores ingleses conhecidos como *hooligans*. Ligados a ideologias nazistas e fascistas, essas facções cometiam atos de violência e provocação nos estádios e ruas da Europa durante as décadas de 1970 e 1980. Um dos casos mais chocantes ocorreu em 1985, em Bruxelas. Liverpool, da Inglaterra, e Juventus, da Itália, disputavam a partida final da Copa dos Campeões. Após o jogo, houve um confronto entre as torcidas que resultou em 39 torcedores assassinados (Lopes, 2012).

Outra tragédia famosa nos campos da Europa ocorreu em 1971, em uma partida entre os rivais escoceses Rangers e Celtic. No fim do jogo, houve um tumulto seguido de pânico pelos torcedores que saíam do estádio, causando 66 mortes, várias por pisoteamento. Historicamente, os dois clubes catalisam rivalidades políticas e religiosas. Enquanto o Celtic possui a simpatia de torcedores católicos e de imigrantes irlandeses, o Rangers é o clube preferido dos protestantes e dos apoiadores da rainha Elizabeth II (Foer, 2005). O sinal da cruz é considerado um gesto de provocação ao rival. As ideologias religiosas interferem inclusive nas contratações. As torcidas costumam rejeitar jogadores que não sejam de sua religião. Leme (2005, p. 96-97) observa que:

> o Rangers é um clube no qual boa parte de seus torcedores é devota do anglicanismo, ou seja, seguidores político-religiosos da rainha do Reino Unido. Sua torcida traz uma bandeira, onde está pintado o rosto da rainha Elizabeth II, a atual líder anglicana, e costumam portar bandeiras do Reino Unido nos jogos. O Celtic, por sua vez, é o clube predileto dos escoceses de religião católica e dos irlandeses e descendentes residentes na Escócia, tendo milhares de torcedores entre os católicos das duas Irlandas. Sua torcida exibe uma bandeira alviverde com o retrato do falecido papa João Paulo II, costumando portar bandeiras da República da Irlanda e da Escócia. Os mais extremistas também exaltam o IRA [Exército Republicano Irlandês].

O desastre de Ibrox, como ficou conhecida a tragédia de 1971, é o episódio mais lastimável de uma história de preconceito, ódio religioso e intolerância cultural.

Nos países da América Latina em que o futebol é popular, em particular no Brasil, também acumulamos diversas situações trágicas, marcadas por atos de violência, vandalismo e arruaças entre grupos ou facções. As torcidas organizadas formam um capítulo à parte na história do futebol. Tal como na Europa, usam a paixão esportiva como pretexto para diversos atos agressivos.

Essa é uma questão histórica, que nem mesmo a modernização dos estádios brasileiros foi capaz de conter. Embora haja assentos numerados na maior parte das grandes arenas esportivas, dificilmente os torcedores se mantêm sentados. Em virtude disso, os clubes optaram por deixam espaços abertos nas arquibancadas, sem cadeiras, destinados preferencialmente às organizadas. Tal fato demonstra que a cultura das organizadas resiste a tentativas de domesticação. Trata-se de um problema amplo e complexo, que desafia os clubes, a polícia e as autoridades governamentais.

Além dos casos de vandalismo, eventualmente ocorrem fatalidades "naturais", que geram choque e comoção na sociedade. Ainda é muito presente na memória do povo brasileiro, aficionado ou não por futebol, o acidente aéreo com a equipe da Chapecoense. O modesto clube catarinense vivia um momento mágico ao disputar a final da Copa Sul-Americana de 2016, o que parecia impossível até poucos anos antes. O time chegava a Medellín, na Colômbia, onde enfrentaria o Atlético Nacional pelo título continental. O avião fretado sofreu uma falta de combustível, causada por falha e negligência humana, vitimando 71 pessoas, entre jogadores, comissão técnica e jornalistas. O episódio sensibilizou as torcidas de todo o mundo, que se manifestaram fazendo um minuto de silêncio dentro dos estádios em sinal de respeito aos envolvidos, usando camisas e demais adereços com a marca e as cores da equipe catarinense ou cantando hinos de incentivo ao time.

A tragédia motivou um momento de raro respeito, sensibilidade e harmonia entre torcedores. Diversas organizadas de outros clubes se uniram, de forma respeitosa e amigável, para homenagear as vítimas do acidente. A torcida do Atlético Nacional, adversário da Chapecoense, lotou o estádio no horário em que a partida seria realizada para cantar, orar e homenagear as vítimas. A manifestação emocionou o mundo do esporte. Cerimônia semelhante foi realizada em Curitiba – PR, cidade que sediaria o segundo e decisivo jogo entre os finalistas[7]. Torcedores de diferentes clubes se reuniram para agradecer os gestos da torcida colombiana e prestar solidariedade aos familiares das vítimas.

Percebemos que as manifestações das torcidas são tão amplas quanto o espectro das ações e emoções humanas. Assistimos a episódios de barbárie e ignorância que parecem aflorar o pior de nós enquanto espécie. Mas, também, gestos de comunhão e solidariedade afins ao espírito original das atividades esportivas. Essa pluralidade de fenômenos estimula uma série de discussões sociológicas e antropológicas, no intuito de compreender a relação do torcedor com o esporte em um contexto comportamental mais amplo.

Paralelo a isso, defendemos medidas práticas para a solução dos problemas relacionados ao esporte. Ressaltamos a necessidade do cumprimento do Estatuto do Torcedor, que pune severamente os responsáveis pelos atos de violência, tanto físicas quanto verbais – como é o caso das ofensas raciais e homofóbicas. Esperamos que momentos como a união em torno da tragédia da

---

[7] A Arena Condá, estádio da Chapecoense, não tinha a capacidade mínima de torcedores exigida pelo regulamento para uma final da Copa Sul-Americana. Assim, a equipe catarinense optou por realizar o jogo no Estádio Major Antônio Couto Pereira, pertencente ao Coritiba.

Chapecoense estimule o desenvolvimento de uma relação mais saudável das pessoas com essa modalidade esportiva.

É o desejo dos verdadeiros amantes do futebol que o ato de apoiar os clubes seja um momento de lazer, convívio familiar e entre amigos e, principalmente, respeito entre as pessoas.

Síntese

Neste capítulo, analisamos os aspectos sócio-históricos do surgimento do futebol no Brasil. Em um breve panorama histórico, explicamos os "antepassados" do futebol; jogos de pé na bola eram utilizados por certas civilizações antigas como práticas relacionadas ao preparo para a guerra ou celebração após uma conquista militar. Percebemos que houve um longo caminho até que a modalidade chegasse ao formato atual. Estudamos a evolução e a universalização de suas regras, estabelecidas desde 1863, e sua preservação pela Ifab, que posteriormente uniu-se à Fifa como entidade responsável pelo controle do esporte. Vimos que o futebol moderno inicialmente era praticado por certa elite, em colégios e associações, e a partir de então começou a se popularizar.

Apresentamos a organização das entidades responsáveis pelo futebol nas diversas esferas (mundial, continental, nacional e regional), analisando a maneira como essas instituições organizam os eventos de forma a envolver clubes e seleções de futebol. Por fim, refletimos sobre o complexo fenômeno das torcidas de futebol, abordando desde os problemas de violência até as belas manifestações de solidariedade. Dessa forma, percebemos que o comportamento das arquibancadas reflete a complexidade das sociedades em que o futebol está inserido.

Indicação cultural

A LENDA Condá. Direção: Rafael Barros. Brasil, 2017. 52 min. Disponível em: <globoplay.globo.com/v/6331262>. Acesso em: 25 set. 2019.

A modesta Chapecoense, de Santa Catarina, viajava para Medellín, na Colômbia, para uma inusitada final da Copa Sul-Americana de 2016. Próximo ao destino, o avião que transportava a delegação caiu por falta de combustível, resultando na morte de 71 pessoas. O documentário traz entrevistas de familiares das vítimas e dos seis sobreviventes, mostrando o impacto da tragédia para as famílias, o clube e os torcedores.

Atividades de autoavaliação

1. No fim do século XIX, Charles Miller trouxe para o Brasil um conjunto de regras e equipamentos para a prática do futebol. Em 1895, foi organizada a primeira partida do país, envolvendo as seguintes equipes:
    a) São Paulo Railway e Companhia de Gás Company.
    b) Corinthians e Colégio São Luís.
    c) Associação Atlética Ponte Preta e Esporte Clube 14 de Julho.
    d) Associação Atlética Internacional e Clube Atlético Votorantim.
    e) Associação Atlética Francana e Colégio Jesuíta.

2. Indique a alternativa que apresenta os países fundadores da Fifa:
    a) Bélgica, Dinamarca, Espanha, Holanda, Suécia, França e Suíça.
    b) Brasil, Colômbia, Itália, França, Argentina, Alemanha e Irlanda.
    c) País de Gales, Portugal, Polônia, Uruguai, China e Japão.
    d) Holanda, Brasil, Peru, Chile, Itália, Alemanha e Islândia.
    e) Portugal, Suécia, França, Escócia, Alemanha e Suíça.

3. A única confederação intercontinental que não possui vaga direta para a Copa do Mundo é a:
   a) Conmebol.
   b) Concacaf.
   c) OFC.
   d) AFC.
   e) UEFA.

4. As regras oficiais do futebol são revistas anualmente. Todas as propostas de mudanças são examinadas à luz de critérios como:
   a) universalidade e perceptibilidade; favorecimento e modificação; adesão tecnológica.
   b) transparência e aplainamento; alteração e legitimação; aplicação tecnológica.
   c) incolumidade; benefícios; transformação e criteriosidade; progressão tecnológica.
   d) inconstitucionalidade e completude; racionalidade e exclusão; tecnologia ativa.
   e) legitimidade e integridade; universalidade e inclusão; adoção tecnológica.

5. Os cartões amarelo e vermelho foram inseridos na regra do futebol como:
   a) uma maneira de causar medo nos jogadores.
   b) uma forma de o árbitro mostrar sua autoridade.
   c) uma linguagem universal de advertência.
   d) uma forma de dificultar o entendimento da regra.
   e) uma possibilidade de impedir as faltas violentas de jogo.

Atividades de aprendizagem

Questões para reflexão

1. A definição do Brasil como país sede da Copa do Mundo de 2014 criou diversas expectativas na população brasileira. Reflita sobre as manifestações das torcidas nos estádios durante a realização dos jogos da Copa e compare-as com as manifestações de torcidas dos principais clubes nacionais. Como as torcidas protestam contra a arbitragem ou os jogadores? Como comemoram os gols? Quais são os tipos de provocação entre as torcidas adversárias?

2. Em razão dos atos de violência, alguns clubes brasileiros proibiram a entrada das torcidas organizadas em determinados eventos. Entretanto, a medida gerou questionamentos, inclusive dos torcedores que não participam dessas organizações. Os clubes alegaram que esses grupos de torcedores geram tumultos, ofensas e violência. Sem a presença da torcida organizada no estádio, contudo, as arquibancadas se calam. Não existe a mesma vibração de apoio ou cobrança aos jogadores e à arbitragem. Qual é a sua opinião sobre a presença das torcidas organizadas nos estádios de futebol? O que precisa mudar para que a presença desses grupos de torcedores não seja sinônimo de violência?

Atividades aplicadas: prática

1. O futebol é a modalidade esportiva mais praticada do Brasil. Várias escolas e diversos clubes procuram revelar atletas para atuar profissionalmente em equipes nacionais ou internacionais, sendo comum a exportação de jovens atletas a clubes para outros países. Elabore uma lista de jogadores das duas últimas Copas do Mundo que se naturalizaram para defender determinada seleção nacional. Quantos atletas brasileiros

se tornaram cidadãos de outros países para jogar o torneio? Você acredita que algum desses jogadores poderia vir a ser um acréscimo importante à Seleção Brasileira?

2. Reúna um grupo de crianças de 8 a 12 anos. Contextualize a importância de respeitar as regras do esporte e ser leal com o adversário. Com base na experiência que você tiver com esse público, analise o desenvolvimento da atividade: Como as crianças participaram? Quais dificuldades você sentiu ao aplicar a atividade? O que as crianças conseguiram reter de aprendizado? Esse tipo de atividade contribuiu para as atividades práticas?

Capítulo 2

Futebol nas diferentes concepções de esporte

Nem todos os que praticam o futebol têm o objetivo de se tornarem astros milionários. Para a grande maioria dos adeptos, trata-se de um recurso para o desenvolvimento físico e mental, além de ser uma importante atividade de lazer e entretenimento.

Neste capítulo, apresentaremos diferentes visões sobre a prática do futebol. Contextualizaremos o futebol em três esferas: recurso educacional; esporte de lazer; e competição profissional. Por fim, trataremos da prática do futebol feminino, que tanto tem feito pela democratização e pela popularização do esporte, além de contribuir para a igualdade de gênero. Nosso objetivo é ampliar as formas como o futebol pode ser incluído em um projeto bem-sucedido de educação física.

2.1 Futebol como esporte educacional

A educação física escolar no Brasil sempre deu especial atenção ao esporte. A trajetória foi marcada pelas tendências higienista (até 1930), militarista (1930-1945), pedagogicista (1945-1964) e esportivista/competitivista (1964-1985). Essas maneiras de aplicar a educação física tinham como eixos a descoberta de talentos esportivos, o aumento dos desempenhos esportivos e a implementação de práticas esportivas para as massas (Ghiraldelli Júnior, 1991).

O esporte entendido como o conjunto de modalidades esportivas regradas – por exemplo, futebol, basquete e vôlei – tornou-se a principal atividade da educação física escolar, transformando a relação entre professor e aluno pela relação entre técnico e aluno (Ferreira, 2009). Ghiraldelli Júnior (1991) afirma que essa característica se manteve pelas diferentes tendências da educação física, sempre utilizada como instrumento de alienação pela classe dominante.

Preocupada com os rumos da educação física escolar, a Organização das Nações Unidas para a Educação, a Ciência e a Cultura (Unesco) divulgou, em 1960, a Carta Internacional de Educação Física e Esporte, reconhecendo o esporte como um direito humano relacionado à educação e ao lazer. De acordo com Finck (2011), o redimensionamento do esporte como disciplina escolar teve o propósito de oferecer os conteúdos esportivos não como fim, e sim meio para a realização plena, emancipação, integração e socialização crianças e adolescentes. "A educação física na escola deve contribuir para a formação integral do educando, possibilitando-lhe uma melhor amplitude de seus conhecimentos [...]" Finck (2011, p. 71).

A legislação brasileira também buscou se modernizar, alinhando-se a essa nova visão sobre o esporte. A Lei n. 9.615, de 1998, conhecida como *Lei Pelé*, instituiu normas gerais sobre o desporto. Em seu artigo 3º, no incisos I, estabelece diretrizes sobre a educação física "nos sistemas de ensino e em formas assistemáticas de educação, evitando-se a seletividade, a hipercompetitividade de seus praticantes, com a finalidade de alcançar o desenvolvimento integral do indivíduo e a sua formação para o exercício da cidadania e a prática do lazer" (Brasil, 1998).

Na Base Nacional Comum Curricular (BNCC), as unidades temáticas da Educação Física estão divididas em: jogos e brincadeiras, esportes, lutas, ginásticas, danças e práticas corporais de aventura. O futebol está inserido no conteúdo *esportes*, podendo, em muitos casos, também ser desenvolvido como um jogo. Como vimos no capítulo anterior, o futebol se insere na vida nacional desde que Charles Miller atracou no porto de Santos com suas bolas e livros de regras. Conforme destaca Daolio (2006, p. 128), "o futebol está inserido no cotidiano de nossas vidas, não sendo possível deixar de vê-lo, ouvi-lo ou, pelo menos, saber sobre ele".

Dessa forma, o futebol sempre esteve inserido na educação física escolar, principalmente durante a ditadura militar, quando "o governo vinculou deliberadamente sua imagem à da Seleção, que terminou sua participação com o título mundial no México" (Capraro; Souza, 2017, p. 121).

Inicialmente parte de um mesmo contexto, o futebol como esporte e a educação física escolar passaram a se dissociar gradualmente, até que o futebol passou a ser entendido apenas como uma prática competitiva.

Esse posicionamento começou a ser revisto pela Academia a partir das décadas de 1980 e 1990. Teóricos da educação, como Ghiraldelli Júnior (1991) e Freire (2009), e da educação física escolar, como Betti (2001), Bracht (1992) e Kunz (1994), refletiram sobre as práticas pedagógicas do esporte nas escolas. Paralelo a isso, surgiram os cursos de pós-graduação na área de educação motora, o que contribuiu para o fortalecimento desse movimento. Novas abordagens, problematizando as práticas esportivas nas escolas, também tiveram início.

Segundo Finck (2011), abordagens pedagógicas são concepções diferenciadas que visam romper com os paradigmas anteriores. As novas concepções de educação física romperam com a visão tradicional adotada pelas escolas para a prática esportiva, especialmente para o futebol.

A abordagem **crítico-emancipatória**, idealizada por Kunz (1994), apresenta duas novas preocupações. A primeira é a emancipação dos alunos com base na crítica dos conteúdos da educação física. A segunda preocupação versa sobre as propostas práticas que os professores de Educação Física podem adotar para atender aos objetivos propostos no trabalho pedagógico. O autor destaca que os alunos não devem apenas reproduzir os movimentos, e sim aprender, por meio deles, a questionar e refletir sobre as práticas de movimento.

A abordagem **crítico-superadora** defende que a educação, convencional ou física, deve estabelecer mudanças sociais capazes de diminuir as desigualdades sociais.

Compondo a abordagem **psicomotora**, Le Boulch (1986) aborda a educação física como a tomada de consciência da criança em relação ao próprio corpo, adquirida por meio da coordenação motora, pela relação tempo-espaço e pela lateralidade.

Na abordagem **construtivista-interacionista**, o sujeito estabelece uma relação lúdica e espontânea com o mundo. A proposta principal é evidenciada por meio do jogo, entendido como um instrumento lúdico que torna a aprendizagem prazerosa (Azevedo; Shigunov, 2000).

A abordagem **crítica** é baseada nos contextos do currículo escolar, refletindo sobre a fragmentação do ensino e as propostas que são utilizadas na aprendizagem de cada ciclo. Além disso, essa abordagem se preocupa com a relevância e contemporaneidade dos conteúdos.

A concepção de **aulas abertas**, também compreendida como abordagem para a educação física, enfatiza a experiência de vida da criança na perspectiva de movimento corporal. Não devemos, contudo, confundi-la com aulas livres. Numa aula aberta, o professor organiza os materiais e os espaços de um modo específico, imaginando quais atividades os alunos podem desenvolver utilizando aqueles recursos.

A abordagem **plural** explora o movimento corporal construído culturalmente por um grupo, transformando-o em uma técnica cultural. Assim, é capaz de trabalhar a diferença entre os alunos (Azevedo; Shigunov, 2019).

Os Parâmetros Curriculares Nacionais (PCN) incorporam essas abordagens, apontando então os seguintes direcionamentos para a educação física na escola:

Espera-se que ao final do ensino fundamental os alunos sejam capazes de:

- *participar de atividades corporais, estabelecendo relações equilibradas e construtivas com os outros, reconhecendo e respeitando características físicas e de desempenho de si próprio e dos outros, sem discriminar por características pessoais, físicas, sexuais ou sociais;*
- *adotar atitudes de respeito mútuo, dignidade e solidariedade em situações lúdicas e esportivas, repudiando qualquer espécie de violência;*
- *conhecer, valorizar, respeitar e desfrutar da pluralidade de manifestações de cultura corporal do Brasil e do mundo, percebendo-as como recurso valioso para a integração entre pessoas e entre diferentes grupos sociais;*
- *reconhecer-se como elemento integrante do ambiente, adotando hábitos saudáveis de higiene, alimentação e atividades corporais,*

> relacionando-os com os efeitos sobre a própria saúde e de recuperação, manutenção e melhoria da saúde coletiva;
> - solucionar problemas de ordem corporal em diferentes contextos, regulando e dosando o esforço em um nível compatível com as possibilidades, considerando que o aperfeiçoamento e o desenvolvimento das competências corporais decorrem de perseverança e regularidade e devem ocorrer de modo saudável e equilibrado;
> - reconhecer condições de trabalho que comprometam os processos de crescimento e desenvolvimento, não as aceitando para si nem para os outros, reivindicando condições de vida dignas;
> - conhecer a diversidade de padrões de saúde, beleza e estética corporal que existem nos diferentes grupos sociais, compreendendo sua inserção dentro da cultura em que são produzidos, analisando criticamente os padrões divulgados pela mídia e evitando o consumismo e o preconceito;
> - conhecer, organizar e interferir no espaço de forma autônoma, bem como reivindicar locais adequados para promover atividades corporais de lazer, reconhecendo-as como uma necessidade básica do ser humano e um direito do cidadão (Brasil, 1997, p. 33)

Além disso, outros fatores são fundamentais para diminuir a esportivização nas escolas. Um dos principais é o professor. Vejamos quais conceitos são destacados nos PCN para Educação Física. O texto enfatiza a necessidade de uma mudança de mentalidade pelos professores:

> Nas atividades competitivas as competências individuais se evidenciam e cabe ao professor organizá-las de modo a democratizar as oportunidades de aprendizagem. É muito comum acontecer, em jogos predesportivos e nos esportes, que as crianças mais hábeis monopolizem as situações de ataque, restando aos menos hábeis os papéis de defesa, de goleiro ou mesmo a exclusão. O professor deve intervir diretamente nessas situações, promovendo formas de rodízio desses papéis, criando regras nesse sentido. (Brasil, 1997, p. 70)

Sobre o tema, Finck (2011, p. 94) destaca:

> Os alunos têm nas aulas de Educação Física a oportunidade de praticar o esporte e cabe ao educador oportunizar a todos o seu aprendizado por

meio de um conteúdo programático esportivo diversificado, que lhes possibilite um amplo conhecimento desse fenômeno, bem como vivências diferenciadas, para que, como espectadores, inclusive, possam fazer uma leitura mais apropriada, a fim de melhor usufruírem o esporte que aprenderam no contexto da escola.

Para isso, é necessário que o professor tenha uma postura metodológica diferenciada daquela utilizada por muitos [...].

Ainda há muitos professores de Educação Física que concebem as práticas esportivas, em especial o futebol, apenas como competitivas, e, consequentemente, dão destaque aos alunos mais habilidosos.

Felizmente, existem inúmeros outros professores com perspectivas inovadoras, que desenvolvem o conteúdo referente à modalidade em seus diferentes aspectos. A possibilidade de ampliar as práticas tem sido preocupação de diversos estudiosos. Um exemplo é o futebol feminino nas aulas de educação física escolar (Souza Júnior, 1991).

Com as mudanças ocorridas na educação física ao longo das últimas décadas, o futebol precisa ser contextualizado em todas as possibilidades de práticas, especialmente conceituais, procedimentais e atitudinais, conforme destaca Zabala (1998). Atentos às novas abordagens da educação física, os profissionais da área devem libertar-se de visões que não mais representam uma educação inteligente.

2.2 Futebol como esporte de rendimento

Quando um aluno deseja se matricular em uma escolinha de futebol, o primeiro passo é saber a idade dele, para então direcioná-lo a uma categoria específica. Separadas por idade ou fases de aprendizagem, as categorias assumem que há um progresso no desenvolvimento que precisa ser respeitado. Para Melo (2001, p. 31) "tudo tem seu tempo certo para acontecer. Se tentarmos apressar o processo de aprendizagem sem que o praticante esteja pronto para responder corretamente aos estímulos dados, a aprendizagem não acorrerá".

As categorias determinam adaptações de espaço, tempo de treino e tamanho das bolas, entre outras. A seguir, elencamos, com base em Voser (2014) e Andrade (2017), as fases de desenvolvimento de um jogador de futebol.

A **primeira fase** é a iniciação esportiva 1, que abrange alunos entre 7 e 9 anos. As práticas buscam desenvolver as capacidades físicas, cognitivas e afetivas de forma integral e lúdica. São realizadas atividades:

- lúdicas com ou sem bola;
- lúdicas coordenativas com ou sem bola;
- lúdicas com diferentes tipos de bola;
- em diferentes espaços e tempos;
- básicas de fundamentos técnicos e táticos;
- de experimentação de posicionamentos;
- com pequenos jogos.

Essas atividades devem passar por bases progressivas técnicas e táticas, fundamentais para a compreensão e a assimilação pelas crianças.

Você sabia?

As categorias que compõem o futebol são: mamadeira, fraldinha, pré-mirim, mirim, infantil, infantojuvenil, adulto e máster.

A **segunda fase** é a iniciação esportiva 2, entre 10 e 11 anos. Nela, são realizadas atividades:

- que desenvolvam as competências motoras e coordenativas, com ou sem bola;

- que desenvolvam a capacidade de compreender o espaço em que ocorre o jogo (atividades em diferentes espaços e com vários tipos de bola);
- lúdicas, utilizando-se os fundamentos técnicos e táticos de jogo;
- que comecem a desenvolver as ações elementares técnicas e táticas do jogo (pequenos jogos);
- que desenvolvam a capacidade de socialização coletiva (trabalho em equipe);
- de iniciação tática que desenvolvam a capacidade perceptiva-decisiva;
- que desenvolvam a capacidade de decisão;
- com situações reais de jogo 1 × 1, 2 × 2 e 3 × 3, com reduções no espaço;
- competitivas com outras equipes;
- de reflexão sobre situações de jogo;
- que desenvolvam noções básicas de posicionamento tático.

As atividades da fase anterior são mantidas. Porém, agora percebemos uma ênfase no esporte praticado: o futebol.

A **terceira fase**, para crianças de 12 e 13 anos, é chamada de *desenvolvimento esportivo*. São realizadas atividades:

- de desenvolvimento de habilidades e coordenação específica do futebol;
- de compreensão de ataque e defesa mais sofisticados;
- de compreensão do jogo com e sem bola;
- que envolvam os parceiros e os adversários;
- que desenvolvam as capacidades mais avançadas de percepção e decisão fundamentais ao jogo;
- com bases analíticas do jogo;
- que exigem mais complexidade técnica (física) e tática (cognitiva) do jogo;
- de cooperação coletiva;

- em espaços diversos e com diferentes números de jogadores;
- de implantação de sistema de jogo.

Essa fase dá continuidade à anterior, porém suas atividades devem apresentar características direcionadas à reflexão do jogo.

A **quarta fase**, chamada de operacional, é destinada a alunos na faixa etária entre 14 e 15 anos. Apresenta objetivos mais específicos, próximos a uma partida real. São realizadas atividades:

- reais de uma partida;
- reais de defesa e ataque em espaços curtos e longos;
- de transição ofensiva e defensiva em espaços curtos e longos;
- sobre a importância de jogar com e sem bola;
- de coletividade;
- técnicas mais complexas;
- táticas dos sistemas de jogo;
- de aprimoramento dos recursos perceptivo-decisionais;
- mais intensas de jogo reduzido;
- com minipartidas de futebol, com tempo reduzido a 10, 15, 20 ou 30 minutos.

A **quinta fase** é chamada de *desenvolvimento de técnicas*, e é destinada para jogadores entre 16 e 17 anos. São realizadas atividades:

- de ações técnicas e táticas mais específicas do jogo;
- de jogo real apreendidas até esta fase;
- de desenvolvimento coletivo;
- mais intensas do jogo real (minipartidas com tempos menores, determinados pelo professor);
- que envolvam conceitos de transição táticos ofensivos e defensivos mais intensos;
- de expansão de sistemas táticos de jogo;
- que desenvolvam as capacidades perceptivas e decisivas dos jogadores;

- intensas, em espaços reduzidos, com ou sem bola;
- que desenvolvam capacidades analíticas globais do jogo, como perder ou ganhar e suas consequências.

A **sexta fase** é denominada aperfeiçoamento. Os jogadores entre 18 e 19 aprimoram suas habilidades e técnicas, sendo estimulados a realizar as atividades com intensidade e perfeição. São realizadas atividades:

- de análise e aplicação técnica e tática na fase da defesa e do ataque;
- de transição ofensiva e defensiva;
- mais complexas do sistema de jogo, que levem os atletas a tomar decisões rapidamente;
- de jogos coletivos intensos, de preferência com outras equipes;
- de progresso no domínio de sistemas de jogos ofensivos e defensivos;
- de progresso e melhoria da capacidade de percepção e decisão;
- de compreensão entre o jogo analítico e global de uma partida.

A **sétima fase** é a de rendimento. O jogador deve estar preparado para atuar no mais alto nível de competição nacional e internacional. Essa fase compreende alunos com mais de 19 anos e constitui a etapa de excelência das capacidades. São realizadas atividades:

- que aprimorem as capacidades técnicas e táticas no mais alto rendimento físico e cognitivo;
- de lógicas de jogo;
- de aplicação técnica e de táticas individuais e coletivas de alto rendimento físico;
- de assimilação de trocas táticas durante o jogo;

- táticas, técnicas, físicas e psicológicas que poderão ser utilizadas durante um jogo;
- que ampliem as experiências em cada partida;
- de melhoria do treinamento competitivo específicos para determinadas partidas e adversários;
- que forneçam subsídios para os atletas lidarem com situações de alto estresse.

Todas essas fases dão continuidade umas às outras e estão relacionadas entre si. O que as difere é a complexidade, a intensidade e o grau de exigência exigido dos alunos. Para que ocorra a aprendizagem, é necessário um processo de percepção, assimilação e acomodação das informações. Conforme Melo (2001, p. 35):

> O ser humano tem a capacidade de assimilar o que acorre a sua volta, utilizando um processo de percepção, de assimilação à sua própria estrutura. Todas as experiências vividas fazem parte de um acervo que permite assimilar novos conceitos. Estas experiências se desenvolvem pela estimulação que o ambiente exerce sobre o organismo. Portanto, quanto mais rico em estímulos for o ambiente, haverá um maior desenvolvimento nos esquemas de assimilação.

Além de treinamento físico, é preciso antecipar situações que os jogadores viverão no decorrer da carreira e prepará-lo para enfrentá-las, estimulando o amadurecimento das capacidades cognitivas e afetivas.

Portanto, os profissionais de educação física devem adquirir conhecimentos sobre as etapas do desenvolvimento motor, de forma a ser capaz de determinar qual atividade é indicada para cada estágio de desenvolvimento do aluno. Os profissionais da área devem se atualizar constantemente, pois as metodologias de ensino do futebol profissional estão em constante transformação.

2.3 Futebol como esporte de lazer

Segundo Salles (1998), o futebol tornou-se uma referência de lazer para muitos brasileiros, comprovável pelas diversas variantes que surgiram ao longo dos anos, como o futevôlei, o futsal e as várias modalidades de futebol, entre elas o de rua, de sete, de areia, de botão, virtual, de várzea e amador. Essas práticas seguiram o caminho do futebol e se formalizaram, contando hoje com federações, regras universais etc. – o que não impediu que continuassem sendo praticadas de forma descontraída, com regras flexíveis e até de modo improvisado (Gomes, 2004).

Por que o futebol se tornou um esporte tão praticado pelos brasileiros? Esboçamos alguns fatores no primeiro capítulo. Avancemos agora em nossa análise anterior.

Primeiramente, devemos ressaltar o fato de o futebol ser um esporte barato. Para começar a praticá-lo, basta se ter uma bola, jogadores e um material qualquer para improvisar duas traves. Em um país com grande quantidade de famílias de baixa renda, em que o lazer muitas vezes não recebe qualquer fatia do orçamento doméstico, o fator custo é decisivo.

Ironicamente, foi um brasileiro o responsável por transformar o futebol em um dos negócios mais ricos do mundo. A gestão de João Havelange (1974-1998) ampliou a visão de negócios do futebol, tornando-o um dos produtos mais valiosos da indústria do entretenimento. O levantamento de uma consultoria financeira aponta que, somente na temporada europeia de 2016-2017, o futebol arrecadou 25 bilhões de euros, o equivalente a R$ 112 bilhões – mais que o PIB de 95 países (Chade, 2018).

Os veículos de comunicação, por sua vez, buscam atrair para si a atenção dos amantes do futebol. Se ligarmos a televisão a qualquer momento do dia, provavelmente encontraremos um programa sobre o futebol em algum canal aberto ou por assinatura. As transmissões das partidas, repletas da mais avançada tecnologia, são um espetáculo à parte. Conforme Betti (2001, p. 126), "o esporte telespetáculo tende a valorizar a forma em relação ao conteúdo (quer dizer, o como se apresenta o esporte é mais importante do que o que se apresenta), e para tal, faz uso privilegiado da imagem audiovisual".

As entidades organizadoras também tiveram papel fundamental no desenvolvimento do futebol como espetáculo. Dessa forma, consolidou-se um modelo econômico em que todos ganham: clubes, patrocinadores, jogadores, federações, confederações e a Fifa.

Mas qual é a relação entre o futebol e o lazer?

Segundo a Constituição Brasileira de 1988, em seu art. 227:

> É dever da família, da sociedade e do Estado assegurar à criança, ao adolescente e ao jovem, com absoluta prioridade, o direito à vida, à saúde, à alimentação, à educação, ao lazer, à profissionalização, à cultura, à dignidade, ao respeito, à liberdade e à convivência familiar e comunitária, além de colocá-los a salvo de toda forma de negligência, discriminação, exploração, violência, crueldade e opressão. (Brasil, 1988)

Para autores como Dumazedier (1976, p. 34), o lazer pode ser concebido como:

> um conjunto de ocupações às quais o indivíduo pode entregar-se de livre vontade, seja para repousar, seja para divertir-se, recrear-se e entreter-se ou, ainda, para desenvolver sua informação ou formação desinteressada, sua participação social voluntária ou sua livre capacidade criadora após livrar-se ou desembaraçar-se das obrigações profissionais, familiares e sociais.

Nessa perspectiva, o futebol promove a descontração pela prática, nos campos amadores, na torcida pelos clubes profissionais, no estádio ou em casa. Na arquibancada, o sujeito – jogador ou torcedor – extravasa suas emoções em relação ao time, ao adversário, aos árbitros, ao técnico, de forma positiva ou negativa. Ou seja, o futebol é um "veículo para uma série de dramatizações da sociedade brasileira, constituindo-se num modo de expressão dessa sociedade" (Daolio, 2006, p. 125). Essas dramatizações são "conteúdos vivenciados como fruição da cultura, seja como possibilidade de diversão, de descanso ou de desenvolvimento" (Gomes, 2004, p. 124), ou seja, modos de experimentações e vivências do lazer.

Para Gomes (2008), o esporte e o lazer estão intimamente conectados como manifestações culturais dos brasileiros. Segundo o autor:

> O lazer compreende, assim, a vivência de inúmeras manifestações da cultura, tais como o jogo, a brincadeira, a festa, o passeio, a viagem, o esporte e também as formas de artes (pintura, escultura, literatura, dança, teatro, música, cinema), entre várias outras possibilidades. Inclui, ainda, o ócio, uma vez que esta e outras manifestações culturais podem constituir, em nosso meio social, notáveis experiências de lazer. (Gomes, 2008, p. 5)

A cada pelada de rua, testemunhamos o fenômeno do futebol transformado em lazer. É uma de nossas manifestações culturais mais intensas, embora ainda predominantemente masculina. Como afirma Daolio, "Os meninos, desde pequenos, brincam de chutar bola". Em um passeio por algum bairro de uma grande cidade, provavelmente veremos, no mínimo, duas pessoas brincando de passar a bola: "homens frequentam os estádios em número muito maior do que as mulheres. Todas estas características revelam o traço de masculinidade presente na própria sociedade brasileira [...]" (Daolio, 2006, p. 128).

No entanto, não podemos generalizar. As mulheres estão jogando em condomínios, ruas, praças, praias e em inúmeros outros locais. E temos fatos recentes que nos animam a imaginar um futebol com menos barreiras de gênero, como a incipiente – porém crescente – popularização do futebol feminino, perceptível sobretudo no recorde de audiência televisiva da Copa do Mundo de Futebol Feminino disputada em 2019 (Senechal, 2019). Versaremos sobre a modalidade feminina mais adiante neste capítulo.

Para o **futebol recreativo**, não importa a idade, as características físicas ou as diferenças de nível técnico. A informalidade, a liberdade de driblar e perder a bola e o não compromisso da prática obrigatória são condições para a diversão dos praticantes. Um time tende a ser heterogêneo, agrupando pessoas de diferentes idades, classes sociais e tipos físicos. Jogadores habilidosos partilham o campo com iniciantes. É permitido rir dos erros e elogiar a jogada adversária. As gozações fazem parte da disputa. Terminado o jogo, todos podem confraternizar com churrasco e cerveja. O resultado da partida não mais importa. Nunca importou, na verdade. Mesmo durante a partida, é comum que os times percam a conta dos gols. Nesses casos, costuma-se reiniciar o placar ou estabelecer uma vantagem aproximada.

O futebol também é bastante popular como jogo eletrônico. Os videogames que simulam o esporte estão entre os mais vendidos no mundo. Uma empresa que faz análises de mercado constatou que o jogo FIFA 19, um dos mais populares do gênero *futebol*, era o mais vendido em 10 de 15 países pesquisados (Walker, 2019). Com a evolução dos *games* em suas variadas plataformas, tornou-se possível interagir com outros jogadores por meio de aplicativos de voz e texto. Assim, o jogador está se comunicando com diferentes pessoas em todo o mundo. Devemos ainda prestar atenção ao fenômeno dos e-sports – campeonatos de videogame que estão ganhando popularidade entre os aficionados por diversões eletrônicas. Os competidores de nível mundial já recebem prêmios de milhões de dólares, mais que o salário acumulado de diversos atletas do "mundo real", inclusive.

Outra modalidade de futebol muito praticada no país é o **futebol amador ou de várzea**. Pequenas e grandes cidades brasileiras têm seu campeonato suburbano, com regulamento, arbitragem, tabela, mandos de campo e, principalmente, uma empolgada torcida lotando as modestas arquibancadas. A diferença é que os jogadores não são profissionais. Trabalham durante a semana e se dedicam a defender as cores de um clube igualmente amador aos sábados e domingos.

O **futebol de lazer**, pudemos perceber, é diverso e fluido. Adapta-se a toda situação. Supera qualquer limitação. É praticado nos em colônias de férias, no início do ano ou nas férias de julho, quando algumas escolas fazem uma pausa para as férias. Podemos citar também os clubes, as escolas, as organizações não governamentais (ONGs) e os projetos sociais. A vivência lúdica e o prazer da atividade física são tratados em uma perspectiva que envolve as dimensões culturais da vida em comunidade (Gomes, 2004).

Concluímos, então, que o futebol competitivo é apenas uma fração de um fenômeno muito mais abrangente. Nisso reside a possibilidade de os professores ampliarem as práticas pedagógicas, enfatizando-se o lúdico, a descontração e a flexibilidade do jogo, a fim de ressignificar o entendimento sobre o futebol nos diferentes contextos em que ele é praticado.

2.4 Futebol feminino no Brasil e no mundo

O futebol feminino é uma modalidade que, ao longo da história, sofreu grandes retaliações políticas, sociais e culturais. A categoria lutou contra a visão de que o futebol é esporte para homens – um preconceito que, embora esteja diminuindo, segue muito forte na atualidade. O técnico René Simões, ex-treinador da Seleção Brasileira de Futebol Feminino, relata um episódio ocorrido após a final do torneio de futebol feminino das Olimpíadas em Atenas, em 2004. O Brasil perdeu, porém registrou sua melhor participação nos jogos olímpicos. Simões (2007, p. 1) relembra o momento:

> As lágrimas corriam dos olhos delas, eu podia vê-las, pareciam princesas numa festa de casamento em que o noivo foi escolhido pelo rei,

> onde o amor jamais teve lugar, apesar da festa, da pompa, da música e da felicidade externa; internamente, a tristeza reinava. Por mais que eu quisesse ser forte, por mais que tivesse dito que tudo aquilo era uma festa de conquista inédita, não resisti e chorei. Uma lágrima foi flagrada, rolando solitária e solidária. A câmera da TV captou de forma sutil essa imagem e todos puderam vê-la no Brasil e no mundo. No Brasil? Sim, no Brasil. Neste dia e nos jogos anteriores aconteceu um grande fenômeno na população brasileira. Parecia jogo de Copa do Mundo dos homens; as repartições se agitaram; as lojas, com suas múltiplas TVs nas vitrines, ficaram lotadas nas calçadas; os frequentadores dos bares e restaurantes, todos estavam juntos, torcendo, surpresos, felizes, admirados e orgulhosos com o que viam.
>
> Mulheres, sim, mulheres brasileiras jogando futebol de homem, com qualidade de homem, com beleza de homem. Onde é que estava escondido esse dom que ninguém havia descoberto ainda?
>
> Esse foi o dia em que as mulheres da Seleção Brasileira de Futebol Feminino viraram a cabeça dos homens. Eles abaixaram a guarda, renderam-se e concordaram: elas não só mereciam o ouro, como foram ouro na forma de jogar, e de encantar a quem as via. O Brasil teve que admitir: futebol também é coisa de mulher. (Simões, 2007, p. 1)

Essas memórias fazem parte do livro *O dia em que as mulheres viraram a cabeça dos homens*, publicado em 2007. Podemos entender o episódio como uma espécie de "ponto de virada" na forma como o país via as mulheres jogando futebol. Se a medalha de ouro não foi conquistada, ao menos uma semente de esperança havia sido plantada. Passados 15 anos, percebemos que o futebol feminino avança, ainda que lentamente, conquistando novos espaços centímetro por centímetro. Se retroagirmos mais, rumo aos primórdios da modalidade, perceberemos que o cenário já foi bem mais adverso às mulheres.

Historicamente, a presença feminina no futebol era secundária. A participação delas se limitava a acompanhar os maridos e a família nos estádios. A prática desse esporte pelas mulheres era considerada anormal e chegou a ser proibida por lei. Recuperemos essa determinação do Conselho Nacional de Desportos (CND), que, por meio do Decreto-Lei n. 3.199, de 14 de abril de 1941, estabeleceu (Castellani Filho, 1988, p. 61):

> Art. 54 – Às mulheres não se permitirá a prática de desportos incompatíveis com as condições de sua natureza, devendo para este efeito o Conselho Nacional de Desportos baixar as necessárias instruções às entidades desportivas do país.

O objetivo alegado era proteger a mulher de esportes supostamente violentos. A proibição sufocou o desenvolvimento da modalidade. O CND reviu essa norma somente em 1979. No entanto, o Brasil havia acumulado 38 anos de atraso.

O futebol feminino começou a se desenvolver no país após a revogação da lei. O primeiro campeonato nacional foi a Taça Brasil de Futebol Feminino, organizada anualmente entre 1983 e 1989. O Esporte Clube Radar, com sede no Rio de Janeiro, foi o campeão de todas as edições. Em 1988, a CBF convocou uma Seleção Brasileira de Futebol Feminino pela primeira vez. O objetivo era a disputa do Women Cup of Spain. O Esporte Clube Radar foi o maior contribuinte para a formação do time, com um total de 16 atletas convocadas. O Brasil surpreendeu em sua primeira competição, derrotando seleções como Espanha, França e Portugal.

Percebendo a evolução do esporte pelo mundo, a Fifa passou a observar o futebol feminino com mais interesse. A primeira Copa do Mundo de Futebol Feminino foi realizada em 1991, na China. Pouco depois, o Comitê Olímpico Internacional (COI) incluiu a modalidade nos Jogos Olímpicos de Atlanta, em 1996. Nessa edição, o Brasil conquistou a quarta colocação.

O futebol feminino brasileiro tem buscado seu espaço no âmbito internacional. Em 30 anos de existência, a Seleção Brasileira venceu torneios importantes, o que colocou o país entre os primeiros do *ranking* mundial da Fifa. A seguir, listamos alguns títulos de expressão conquistados pelas mulheres brasileiras:

- Campeonato Sul-Americano Feminino em 1991, 1995, 1998, 2003, 2010 e 2014;
- Universíada [Olimpíada Universitária] com medalha de ouro em Pequim 2001 e em Esmirna 2005 [e em 2017, em Taipei];
- Jogos Pan-Americanos com medalha de ouro em Santo Domingo em 2003 e no Rio de Janeiro, 2007 [e em Toronto, no Canadá, em 2015];
- Torneio Internacional Cidade de São Paulo em 2009, 2011, 2012, 2013 e 2014 [e em 2015 e 2016];
- Jogos Mundiais Militares com medalha de ouro em 2011 [e em 2015];
- Copa do Mundo de Futebol Feminino, conquistando a 2ª colocação em 2007 e a 3ª colocação em 1999;
- Olimpíadas com medalha de prata em Atenas, 2004 e em Pequim, 2008. (Aggio, 2015, p. 53)

Com a conquista dos Jogos Sul-Americanos em 2014, a Seleção Brasileira conseguiu a vaga para disputar o mundial em 2015, que foi realizado no Canadá.

Você sabia?

A jogadora Marta Vieira da Silva ganhou o Prêmio de Melhor Jogadora do Mundo seis vezes, tornando-se a primeira atleta, entre mulheres e homens, a atingir a marca. Em setembro de 2019, Lionel Messi igualou-se à jogadora, sendo eleito o melhor jogador do mundo pela sexta vez.

Apesar dos resultados, a Seleção Brasileira de Futebol Feminino segue sofrendo com descaso da confederação nacional e das federações estaduais (Aggio, 2015). Além da falta de um calendário de competições, outra grande dificuldade é a falta de direitos trabalhistas das atletas. Por ser considerada uma modalidade amadora, as atletas não têm direito ao Fundo de Garantia do Tempo de Serviço (FGTS) e ao seguro-desemprego.

Mesmo com poucos investimentos, o Brasil costuma estar entre os dez melhores países no *ranking* oficial da Fifa. Isso abriu as portas dos clubes internacionais às jogadoras brasileiras, que encontram no estrangeiro as oportunidades que o "país do futebol" ainda é incapaz de dar a elas.

Síntese

Neste capítulo, foram apresentadas as diferentes abordagens sobre a prática do futebol. Vimos como ela pode ser aplicada ao contexto educacional, em uma dinâmica de lazer e como modalidade de rendimento.

Relembramos os primórdios da prática de futebol nas instituições de ensino, compreendendo que, ao longo do tempo, os educadores físicos foram modificando as estratégias de treinamento. O objetivo deixou de ser a revelação de atletas profissionais, mas sim o desenvolvimento físico e mental dos alunos, a partir de uma atividade lúdica e educativa.

Consideramos também o desenvolvimento de futuros atletas desde a infância. Percebemos que é necessário dividir o treinamento em fases, conforme a idade do jogador, de forma a prepará-lo para os desafios do esporte de alto rendimento.

Por fim, analisamos o panorama do futebol feminino no Brasil. Vimos que as mulheres enfrentaram forte preconceito, o que, inclusive, atrasou o desenvolvimento dessa modalidade no "país do futebol". Lembramos, porém, que a Seleção Brasileira de Futebol Feminino tem conquistado importantes resultados, recuperando terreno em relação à preponderância masculina no esporte.

ⅲ Indicação cultural

SIMÕES, R. R. **O dia em que as mulheres viraram a cabeça dos homens.** Rio de Janeiro: Qualitymark, 2007.

Esse livro relata a preparação da Seleção Brasileira de Futebol Feminino para Olimpíadas de 2004, em Atenas. Além de relembrar os esforços da delegação para chegar à final da competição, o técnico René Simões retrata a batalha inicial pela valorização da categoria dentro e fora do Brasil.

▨ Atividades de autoavaliação

1. Segundo Finck (2011, p. 71), o papel da educação física é oferecer os conteúdos esportivos não apenas como um fim, mas como meio de realização plena, emancipação, integração e socialização de meninos e meninas.

    Com base nisso, indique se as afirmações a seguir são verdadeiras (V) ou falsas (F):

    ( ) A Carta Internacional de Educação Física e Esportes, publicada em 1960, reconhece que o esporte é um direito humano e deve abranger as dimensões educacional e de lazer – e não somente rendimento.

    ( ) A Carta Internacional de Educação Física e Esportes reconhece que o esporte é direito de todos e deve ser disputado sempre visando ao rendimento.

    ( ) A Lei n. 9.615/1998, conhecida como *Lei Pelé*, instituiu normas gerais sobre o desporto e estabeleceu que, nos sistemas de ensino e em outras formas assistemáticas de educação, a seletividade e a hipercompetitividade dos praticantes são fatores fundamentais para o desenvolvimento do esporte no país.

( ) A Lei Pelé instituiu normas gerais sobre o desporto e estabeleceu que, nos sistemas de ensino e em outras formas assistemáticas de educação, deve-se evitar a seletividade e a hipercompetitividade de seus praticantes, a fim de promover o desenvolvimento integral do indivíduo e sua formação para o exercício da cidadania e a prática do lazer.

Assinale a alternativa correspondente à sequência correta:
a) V, F, F, V.
b) F, F, V, V.
c) V, F, F, V.
d) V, V, F, F.
e) F, V, V, V.

2. Sobre as fases de desenvolvimento de um jogador de futebol, indique se as afirmações a seguir são verdadeiras (V) ou falsas (F):

( ) Sobre "os interesses velados por trás do futebol", compreende-se que, por a formação dos atletas ser um fator lucrativo para os clubes, o processo de desenvolvimento de um atleta de futebol deve ser apressado.

( ) O fato é que tudo tem seu tempo certo para acontecer. Se tentarmos apressar o processo de aprendizagem sem que o praticante esteja pronto para responder corretamente aos estímulos corretos, a aprendizagem não acorrerá.

( ) Na iniciação esportiva, fase que varia entre 7 e 9 anos, os jogadores devem ser imediatamente introduzidos no esporte, iniciando a formação pelo aprendizado dos fundamentos táticos e técnicos.

( ) Na iniciação esportiva, destinada a crianças entre 7 e 9 anos, os alunos devem ter suas capacidades desenvolvidas na totalidade, sempre visando às atividades lúdicas e educativas.

Assinale a alternativa correspondente à sequência correta:
a) V, V, V, F.
b) F, F, V, V.
c) F, V, F, V.
d) V, F, V, F.
e) F, F, V, F.

3. Conforme Voser (2014) e Andrade (2017), as sete fases de desenvolvimento de um jogador de futebol, são, nesta ordem:
   a) iniciação esportiva 1, iniciação esportiva 2, operacional, desenvolvimento de técnicas, desenvolvimento esportivo, aperfeiçoamento e rendimento.
   b) iniciação esportiva 1, iniciação esportiva 2, operacional, desenvolvimento esportivo, desenvolvimento de técnicas, aperfeiçoamento e rendimento.
   c) iniciação esportiva 1, iniciação esportiva 2, desenvolvimento esportivo, operacional, desenvolvimento de técnicas, aperfeiçoamento e rendimento.
   d) iniciação esportiva 1, iniciação esportiva 2, desenvolvimento esportivo, operacional, desenvolvimento de técnicas, rendimento e aperfeiçoamento.
   e) iniciação esportiva 1, iniciação esportiva 2, operacional, desenvolvimento de técnicas, aperfeiçoamento, rendimento e desenvolvimento esportivo.

4. O lazer compreende a vivência de inúmeras manifestações da cultura, tais como o jogo, a brincadeira, a festa, o passeio, a viagem, o esporte e também as formas de artes (pintura, escultura, literatura, dança, teatro, música, cinema etc.), entre várias outras possibilidades. Considerando-se essa afirmação, é correto afirmar que o lazer, enquanto fenômeno sociocultural, está relacionado com:

a) Lugares de convivência que expressam estilos de vida, relações de poder e formas de apropriação.
b) Está relacionado com as concepções de território, de ambiência relacional, de patrimônio e de lugar.
c) Trata-se de um conjunto de atividades, nas quais as pessoas se envolvem no seu tempo disponível.
d) São os locais onde as diferenças se tornam públicas e se confrontam politicamente.
e) Lugares que possuem uma representatividade da vida dos moradores e da história das cidades.

5. De acordo com Castellani Filho (1988), o CND proibiu as mulheres de jogar futebol sob qual justificativa?
   a) Incompatibilidade de forças com o futebol masculino.
   b) Limitação das condições físicas.
   c) *Performance* superior, em relação aos homens.
   d) Ocupação de espaços exclusivamente masculinos.
   e) Aumento da massa muscular, incompatível com a natureza das mulheres.

Atividades de aprendizagem

Questões para reflexão

1. O futebol feminino foi proibido por lei durante 38 anos no Brasil. Ainda hoje, as mulheres enfrentam vários preconceitos para praticar o esporte. De que forma os profissionais de educação física podemos auxiliar na evolução do futebol feminino? Quais ações eles podem adotar para que as meninas possam jogar futebol sem prejulgamentos? Quais entidades podem contribuir para que a modalidade cresça e seja respeitada no Brasil? O que deve ser mudado no entendimento dos brasileiros sobre a relação das mulheres com o futebol?

Atividades práticas

1. Busque em sua cidade clubes ou entidades que desenvolvam a prática do futebol feminino e procure descobrir as condições em que a modalidade é praticada. Converse com alguma jogadora e pergunte quais são as dificuldades que ela enfrenta ou enfrentou para ser reconhecida como atleta. Troque experiências teóricas e práticas, embasadas na leitura deste livro e em suas vivências com o esporte.

2. Apresentamos, a seguir, alguns exemplos de atividades práticas de aprendizagem que podem ser desenvolvidas em espaços diversos, tais como um campo de futebol ou uma quadra de futsal. Cada exercício tem diversas variações, intensidades e técnicas. O professor, portanto, deve ser capaz de viabilizar os objetivos em todos os espaços nos quais for atuar.

    a) O professor terá de organizar um espaço de 10 m^2 sinalizado por cones e formar três equipes, cada uma identificada com um colete. Duas delas estarão dentro da quadra, jogando normalmente. A terceira permanecerá ao redor da quadra, como ponto de apoio. Cada integrante da terceira equipe deverá ficar a uma distância de 4 m, permitindo que todo o espaço ao redor seja ocupado por integrantes. O professor marcará um tempo de jogo de 4 minutos. O objetivo é a troca de passe entre as equipes. Uma equipe poderá passar a bola entre os colegas e time ou buscar apoio dos que estão fora da quadra. Ao roubar a bola, a equipe adversária ganha para si o apoio da equipe de fora. Após o fim dos 4 minutos, as equipes devem trocar de posição, ou seja, uma das que estavam disputando passa a ser a de apoio.

b) O professor deverá dividir a turma em duas equipes, destacando dois jogadores com coletes de cor diferente para serem coringas. O jogo seguirá as regras oficiais do futebol, porém os coringas auxiliarão a equipe que estiver com a bola, aumentando a quantidade de jogadores do time. Quando a equipe adversária roubar a bola, os coringas deverão mudar de lado.

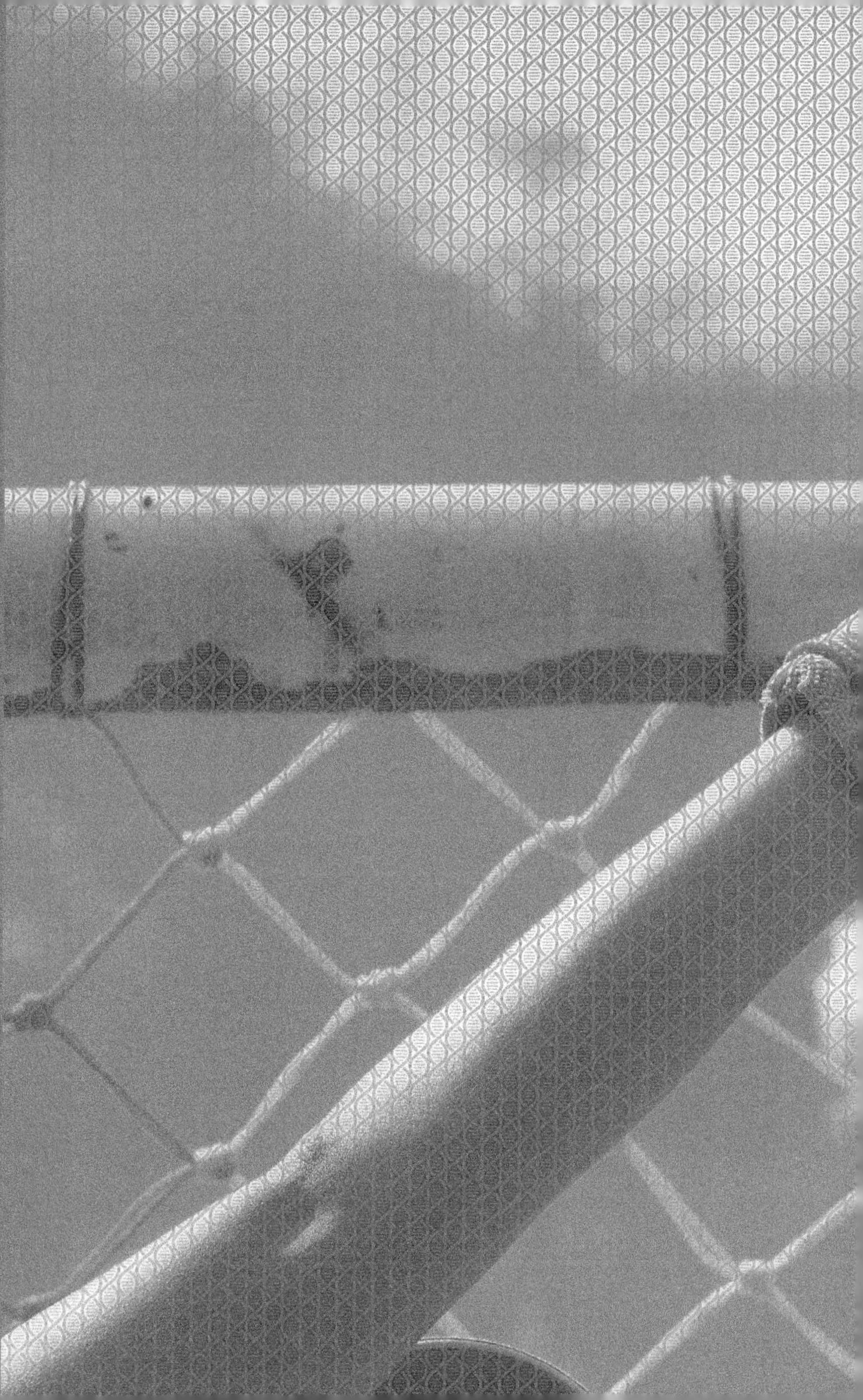

Capítulo 3

Fundamentos técnicos do futebol

Neste capítulo, analisaremos os fundamentos técnicos para a prática do futebol, fornecendo subsídios que permitam ao profissional de educação física compreender situações de erros e acertos de passes, chutes, dribles, domínio, desarme e condução de bola. Discutiremos, em especial, a preparação técnica exigida para a posição de goleiro e alguns aspectos técnicos, físicos e psicológicos.

Os esquemas táticos do futebol evoluem constantemente. A cada inovação, os técnicos adversários começam a procurar maneiras de neutralizar aquele sistema de jogo, fazendo do campo de futebol uma espécie de tabuleiro de xadrez gigante. As equipes podem jogar de maneira mais ofensiva ou defensiva, dependendo do adversário ou do objetivo traçado para a competição. Os esquemas de jogo afetam diretamente os fundamentos e técnicas de cada jogador, que precisa se adaptar rapidamente a mudanças táticas, desenvolver novos recursos e aprender habilidades adicionais. Por exemplo: um atacante que, além de tudo, é também bom marcador sem bola, com certeza será valorizado pela torcida e pelo mercado.

3.1 Drible

O drible é considerado um dos fundamentos mais elegantes do futebol. Para sua execução, exige-se do jogador alta performance e habilidade, capacidade de improvisação e técnicas individuais apuradas. Um bom driblador tem tempo de reação apurado, velocidade de execução, noção precisa de espaço e coordenação motora fina. Leal (2000, p. 113) define o drible como "a ação que o jogador realiza para ultrapassar, com a bola, o adversário". De forma semelhante, Melo (2001, p. 68) ressalta que o drible "é o ato pelo qual se pode vencer um adversário, através de toques sucessivos, mudanças de direção e deslocamentos rápidos, mantendo a posse da bola".

Mutti (2000), citado por Bello Júnior (2005, p. 62), considera que o drible é "uma ação individual feita com a bola, e a finta, um movimento executado sem bola a fim de deslocar o adversário". Já a Grassroots Fifa (2019, p. 74) destaca que o drible "permite ao jogador com a posse da bola transpor um ou mais oponentes, [...] a finta é o ato de iludir o adversário, e pode ser utilizado antes do drible ou do chute".

Tendo como objetivo ludibriar o adversário, o drible permite ao jogador livrar-se de um marcador para seguir atacando ou, quando o jogador está sem opção de passe, ganhar tempo até a chegada dos companheiros de equipe. Porém, sempre que o atleta utiliza o drible como recurso, corre o risco de perder a posse de bola e, consequentemente, permitir o contra-ataque da equipe adversária. No Quadro 3.1, reproduzimos os fatores, elencados por Leal (2000), que levam ao acerto ou ao erro na execução de um drible.

Quadro 3.1 – Requisitos para a execução do drible

Fatores que levam ao acerto	Noção de espaço e tempo
	Confiança
	Ginga, balanço e *swing*
	Conhecimento do ponto fraco do oponente
	Força explosiva
	Surpresa ao adversário
Fatores que levam ao erro	Tentativa em lugar e momento errado
	Falta de confiança e ousadia
	Tentativa de dribles por diversas vezes, eliminando o fator surpresa

Fonte: Elaborado com base em Leal, 2000.

No futebol de alto nível, o drible deve ser aplicado em momentos específicos do jogo; muitas vezes, como último recurso. O movimento deve ser usado com moderação e objetividade, buscando sempre a concretização do ataque. Se o atleta tentar realizar um drible adicional ou exagerar na plasticidade do movimento, pode perder o espaço para o chute a gol ou deixar o adversário tomar a bola.

Um atleta de alta capacidade técnica para driblar pode ser um fator de desequilíbrio no jogo. Muitos ídolos do futebol são conhecidos pela destreza e criatividade nesse fundamento, como Garrincha, Pelé, Romário, Ronaldinho Gaúcho, Robinho, Neymar,

Zidane (França), Maradona e Messi (Argentina) e Cristiano Ronaldo (Portugal).

Você se lembra de algum drible histórico executado em jogos de Copa do Mundo? Qual atleta você considera o mais habilidoso? Mais daquelas perguntas sobre futebol que nunca têm uma única resposta possível. O drible é o movimento que aproxima o futebol da arte. A discussão sobre esse fundamento não é meramente técnica. É, sobretudo, estética.

Os tipos e nomes dos principais dribles são outro sinal da criatividade que envolve o futebol.

Quadro 3.2 – Tipos de drible do futebol

Meia-lua ou drible da vaca	O jogador toca a bola de um lado do adversário e a pega de volta pelo outro lado.
Caneta, entre as canas ou rolinho	O jogador toca a bola entre as pernas do adversário.
Chapéu	O jogador toca a bola por cima da cabeça do adversário e mantém a posse.
Lençol	O jogador toca a bola e passa à meia altura do corpo do adversário.
Pedalada	Quando o jogador passa um pé por cima da bola e toca nela com peso outro, mantendo a posse.
Corte	O jogador conduz a bola e muda de direção rapidamente.
Letra	O jogador cruza as pernas e toca a bola com o pé de trás.
Elástico	O jogador para na frente de quem o está marcando e toca duas vezes com o mesmo pé na bola, mudando o movimento dela e enganando o adversário.
Lambreta ou carretilha	O jogador puxa a bola com um calcanhar e a levanta com o outro a ponto de fazer a bola passar por cima do oponente e dominá-la do outro lado, dando sequência à partida.

Fonte: Elaborado com base em Bello Júnior, 2005.

O elástico e a lambreta são os mais difíceis de executar, pois exigem um encaixe perfeito entre o pé e a bola. Atletas como Neymar e Cristiano Ronaldo fazem o movimento parecer bem mais simples. Mas não se engane! Mesmo jogadores profissionais com bom nível de habilidade hesitam em tentar algo tão sofisticado.

Melo e Melo (2006, p. 57) afirmam que "o drible é um predicado natural, uma habilidade inata que certos jogadores levam à perfeição". O desafio para um atleta é manter a bola próxima ao corpo, sem perder o controle, enquanto muda de direção de forma muito rápida ou explosiva.

3.2 Passe

O passe é a ação por meio da qual o jogador transfere a bola para um companheiro de equipe. A troca de passes está relacionada à ação ofensiva, defensiva ou mesmo para administrar o tempo de jogo. O passe permite a manutenção da posse de bola pela equipe, facilitando a construção de jogadas ofensivas. Quando um passe propicia a seu receptor anotar um gol, é chamado de *assistência* ou *passe decisivo*.

É bastante usado em inversões – quando a bola é subitamente chutada para o outro lado do campo, longe da ação imediata, buscando encontrar um companheiro livre de marcação. Geralmente, esse tipo de inversão tem como objetivo o reinício da construção de uma jogada ou o início de um contra-ataque.

A execução perfeita de um passe demanda técnica avançada. O jogador precisa localizar o companheiro em campo enquanto ambos correm (às vezes em direções diferentes) e chutar em sua direção, calculando precisamente a força, de forma que a bola chegue a ele em condições de domínio. A trajetória e a velocidade do passe devem evitar qualquer possibilidade de interceptação pelo adversário. Muitos contra-ataques decisivos começam a partir de passes errados.

Praticamente qualquer parte do pé pode ser utilizada para fazer um passe: as partes interna e externa, o peito, o bico e o calcanhar. O goleiro é o único jogador que pode utilizar as mãos para fazer um passe, mas somente se tiver pegado a bola chutada por um adversário.

Na seção a seguir, apresentamos os principais tipos de passe.

3.2.1 Passe com a parte interna do pé

O passe com a parte interna do pé é executado no futebol. Geralmente, a bola é passada de forma rasteira em distâncias curtas e pelo alto para distâncias longas. Os passes longos (também conhecidos como *cruzamentos*) são executados em lances característicos da linha de fundo do campo para cobranças de escanteio ou cruzamentos na área.

Figura 3.1 – Passe com a parte interna do pé

O contato na bola deve ser feito com o lado interno do pé. A perna de apoio deve estar semiflexionada, um pouco atrás da bola, e a perna do passe elevada do quadril para fora (Melo, 2001).

Visando maior precisão, deve-se tocar no meio da bola para passes rasteiros ou embaixo para passes longos e altos.

3.2.2 Passe com a parte externa do pé

Também conhecido como *três dedos*, o passe com a parte externa do pé exige procedimento semelhante ao passe com a parte interna do pé. A diferença é que a perna de apoio deve ficar ao lado da bola e o pé que vai executar o passe deve tocar a bola com o lado externo (Melo, 2001).

Figura 3.2 – Passe com a parte externa do pé

A execução do passe longo e alto com a parte externa do pé poderá gerar uma curva na trajetória da bola. Se o jogador passar a bola com o pé esquerdo, a curva ocorre para o lado direito, e vice-versa.

3.2.3 Passe com o peito do pé

Executado com a parte de cima do pé, desde a frente do tornozelo até o início dos dedos, o passe com o peito do pé exige que a perna de execução do passe fique semiflexionada em passes por baixo e um pouco elevada para passes pelo alto. A perna de apoio deve estar inclinada ao lado da bola. Em situações que exigem maior precisão, o tronco deve se inclinar para trás, ou inclinado para a frente quando o jogador opta por um passe com mais força. Geralmente, é executado quando a bola vem um pouco alta para o jogador ou quando este pretende lançar a bola a seu companheiro de equipe em profundidades laterais ou diagonais do campo.

Figura 3.3 – Passe com o peito do pé

3.2.4 Passe com o calcanhar

Pouco executado nos jogos de futebol, o passe com o calcanhar é realizado com a parte posterior do pé. Normalmente é utilizado para surpreender a defesa adversária ou em situações nas quais o atleta não encontra alternativa para passar a bola (Melo, 2001).

Figura 3.4 – Passe com o calcanhar

3.2.5 Passe com o peito e a cabeça

O passe com o peito e a cabeça é usado quando o jogador recebe uma bola aérea. Em vez de dominá-la, ele prefere passar com o peito ao companheiro para acelerar o jogo. Os passes com a cabeça devem ser executados com os olhos abertos, utilizando a testa, para dar maior precisão na direção da bola. Costuma ser usado em lances de faltas ou escanteios, quando um jogador faz um pequeno desvio na bola, mudando levemente a trajetória da bola. Esse pequeno desvio engana a defesa adversária e facilita a finalização ao gol por um companheiro. Esses passes também são utilizados em jogadas defensivas.

Figura 3.5 – **Passe com o peito**

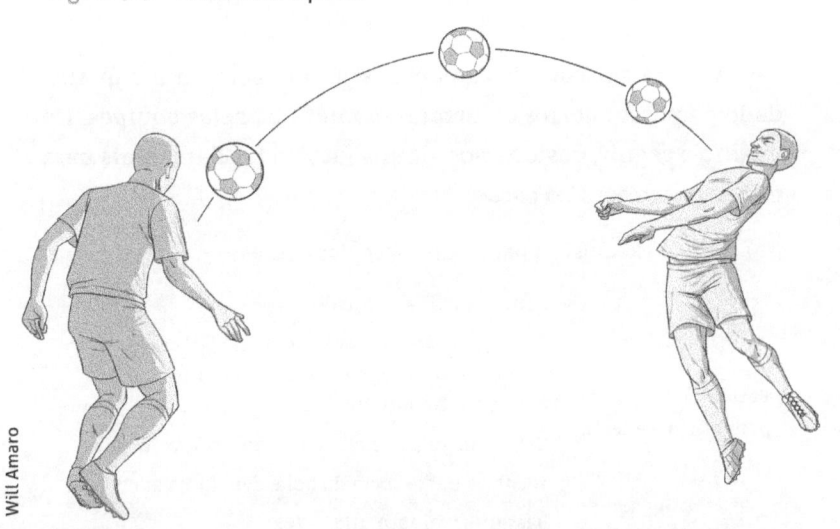

Figura 3.6 – Passe com a cabeça

As transmissões de futebol costumam computar a quantidade de passes certos ou errados cometidos pelas equipes. No quadro a seguir, destacamos alguns fatores fundamentais para o acerto ou o erro do passe.

Quadro 3.3 – Requisitos para a execução dos passes

Fatores que provocam o acerto	Bom posicionamento do corpo
	Pé de apoio bem colocado em relação à bola, dependendo do tipo de passe e movimentos suaves, soltos e coordenados
	Cabeça erguida, inclusive no momento do passe
	Tocar na parte certa da bola, com força adequada
	Bastante treinamento
Fatores que provocam o erro	Má postura do corpo
	Pé de apoio sem formar base correta
	Cabeça excessivamente baixa
	Batida em lugar errado na bola
	Excesso ou falta de força

Fonte: Elaborado com base em Leal, 2000.

Outros fatores afetam diretamente a precisão do passe, como a qualidade do gramado, a preparação física e o controle psicológico do atleta e o entrosamento tático da equipe afetam diretamente a dinâmica da troca de bola.

3.3 Chute

O chute consiste na ação de golpear a bola com um dos pés, visando à finalização ao gol ou à transferência para outra área do campo. Pode ser executado com a bola parada ou em movimento. Exige precisão e controle da força, principalmente na tentativa de gol. A depender do tipo de chute, a bola pode adotar trajetória reta, curva, baixa, de meia altura ou alta.

Assim como os passes, o chute pode ser executado com a parte interna ou externa, o bico ou o peito do pé, além do calcanhar.

3.3.1 Chute com a parte interna do pé

Também conhecido como *chute de chapa*, por causa da área de contato do pé com a bola, o chute com a parte interna do pé é considerado o que garante a maior precisão de execução. Quando pretendem dar uma direção mais precisa à bola, como em cobranças de pênalti ou em faltas próximas à área, os jogadores costumam usar a "chapa" do pé.

Figura 3.7 – Chute com a parte interna do pé

3.3.2 Chute de trivela

Também conhecido como *três dedos*, o chute de trivela é realizado com a parte externa do pé. Sua execução gera uma curva na trajetória da bola. Geralmente, é utilizado em cobranças de faltas ou em finalizações em que o jogador busca uma trajetória que desvie dos defensores. Se o jogador chutar a bola com o pé direito, a curva ocorre para o lado esquerdo, e vice-versa.

Figura 3.8 – Chute de trivela

3.3.3 Chute de bico e calcanhar

Pouco utilizado no futebol de campo, o chute de bico é executado com a ponta da chuteira, atingindo a região da falange distal do hálux (ponta do dedão do pé). O chute de calcanhar, pouco executado, é realizado com a parte do calcâneo, ou seja, a parte traseira do pé. Esses fundamentos são utilizados como último recurso para surpreender o goleiro ou a defesa adversária.

Figura 3.9 – Chute de bico

Figura 3.10 – Chute de calcanhar

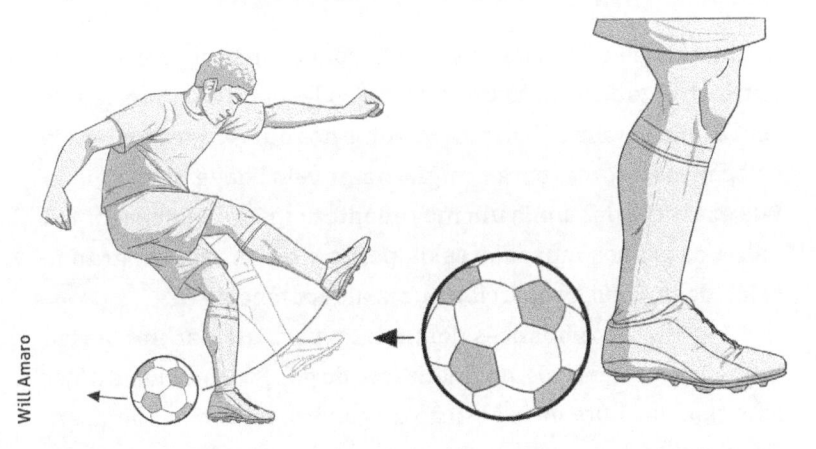

3.3.4 Chute de letra

Uma perna cruza por trás da outra, formando uma espécie de letra A maiúscula (daí o nome). O toque de letra pode ser efetuado com a parte interna do calcanhar ou com o peito do pé. Apesar da plasticidade, não é recomendado por causa de sua potência fraca (Kiehl; Vuono, 2002).

Figura 3.11 – Chute de letra

3.3.5 Chute de peito do pé

O chute de peito do pé é executado com a parte superior do pé, entre a frente do tornozelo e os dedos. Pode ser utilizado em lances com a bola parada ou em movimentos nos quais o jogador deseja colocar mais força, para atingir maior velocidade ou distância. Sua execução demanda um movimento com força. O jogador trabalha os grupos musculares da perna e os contrai em grande velocidade, o que proporciona uma alta potência.

É utilizado em lances defensivos, para afastar um perigo iminente, ou ofensivos, na finalização do gol. Podemos identificar esse tipo de chute na reposição do goleiro, no tiro de meta, em finalizações do gol e em cobranças de faltas ou pênaltis.

Figura 3.12 – Chute de peito do pé

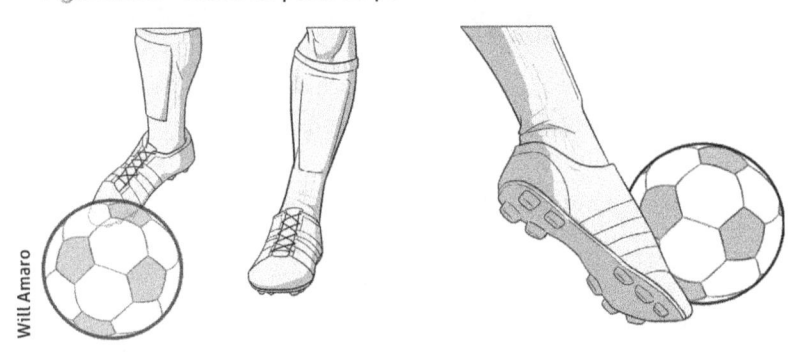

O chute com o peito do pé pode ser realizado com a bola parada ou em movimento. Os chutes com a bola em movimento são denominados *sem-pulo* (sem deixar a bola cair no chão), *bate-pronto* (executado no instante em que a bola cair no chão), *bicicleta* (movimento aéreo no qual o jogador deve bater a bola para trás sobre a cabeça), *voleio* (movimento aéreo no qual o jogador deve bater na bola em linha paralela) e *virada* (movimento aéreo no qual a bola vem de frente para o jogador, que pretende lançar a bola na diagonal).

Figura 3.13 – Movimento do bate-pronto

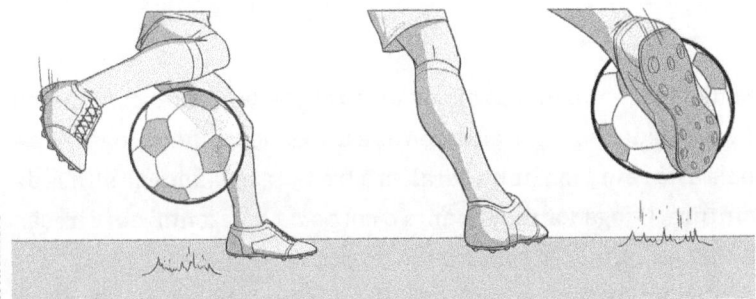

3.3.6 Chute de bicicleta

O chute de bicicleta é executado como recurso defensivo ou ofensivo, em situações em que o jogador está de costas para a meta e recebe uma bola alta. Ela deve ser chutada com o peito do pé, em um movimento aéreo no qual o jogador inclina o corpo para trás, acertando a bola no ar, sobre a cabeça.

Figura 3.14 – Chute de bicicleta

3.3.7 Chute de voleio

Semelhante ao chute da bicicleta, no chute de voleio o movimento é executado de lado. Geralmente, é utilizado quando o jogador e a bola estão em uma linha paralela à trave e a bola vem na altura da cintura. O jogador movimenta o corpo na horizontal em direção à bola, atingindo-a com o peito do pé.

Os chutes podem ser classificados em *colocado* ou *com força*. O **chute colocado** busca a precisão. O jogador utiliza a parte interna do pé para colocar a bola em determinado lugar da meta adversária. Já o **chute com força** é realizado com o peito do pé, buscando dificultar a defesa do goleiro ou enviar a bola para longe de determinada área do campo.

Figura 3.15 – Chute de voleio

De acordo com Melo (2001), durante a execução do chute, existem quatro fatores fundamentais a ser analisados (Quadro 3.4).

Quadro 3.4 – Movimentos para a execução do chute

Equilíbrio do corpo	No momento da execução do chute, o corpo deve estar em perfeito equilíbrio. O movimento do chute é realizado como uma alavanca, com o corpo fazendo uma pequena inclinação para o lado da perna de apoio. O braço deve manter-se afastado do corpo, o que garante a manutenção do equilíbrio.
Posição do pé de apoio	O pé de apoio é fixado ao chão no momento do chute. Este pé orienta a trajetória na bola. Portanto, se o objetivo é executar um chute baixo, o jogador deve colocar o pé ao lado da bola. Se o objetivo é executar um chute alto, o pé de apoio deve ficar atrás da bola, fazendo uma alavanca para facilitar a elevação.
Posição do pé do toque	Para a execução de chutes firmes, com uma trajetória rápida e baixa, deve-se bater com o dorso do pé completamente estendido e rígido. Os chutes precisos devem ser executados com a parte interna do pé, acertando o meio da bola para trajetórias baixas e embaixo da bola para trajetórias altas.

(continua)

(Quadro 3.4 – conclusão)

Força que se imprime na bola	O jogador deve calcular a força a ser empregada no chute. Para um chute de longa distância, deve empregar força, já para lances próximos à área o chute deve ser colocado com menos força e maior precisão.

Fonte: Elaborado com base em Melo, 2001.

O chute é o fundamento principal para se atingir o objetivo do jogo de futebol: a marcação do gol. Diante disso, as equipes de futebol buscam trabalhar outros fundamentos que envolvem a marcação para evitar o chute que vise à finalização do gol.

3.4 Domínio

O domínio pode ser caracterizado como a habilidade de o jogador receber a bola com diversas partes do corpo, amortecendo-a e mantendo-a em seu comando para dar sequência com a condução, o passe ou o chute. Leal (2000, p. 107) define o domínio como "a ação que se realiza para receber a bola vinda de um passe, dominando-a e colocando-a em condições adequadas para ser jogada em seguida".

Apesar de ser possível dominar a bola com qualquer parte do corpo, as regiões mais indicadas e apropriadas para esse fundamento são o peito, a coxa e os pés. Conforme Melo (2001), as principais formas de o atleta dominar a bola de futebol são as seguintes:

- **Domínio com o peito**: Quando a bola vem do alto, a maneira mais fácil de realizar o domínio é com o peito, em virtude da grande área corporal de contato com a bola. Quando a bola entra em contato com o peito, o jogador deve contraí-lo para que a bola seja amortecida e permaneça em seu controle.

- **Domínio com o pé**: Usado quando a bola vem rasteira ou a meia altura. O domínio com os pés pode ser executado com a parte interna, externa ou com o peito do pé.
- **Domínio com a coxa**: Quando a bola vem à altura da cintura ou pouco abaixo dela. Para facilitar o domínio com essa região do corpo, é necessário que o atleta se posicione de frente para a bola e eleve uma das pernas no momento do passe. A perna de recepção deverá abaixar de acordo com a velocidade da bola.

Como a bola é passada pelo solo na maior parte do jogo, o domínio mais comum é com os pés. Em determinadas situações, entretanto, são exigidas outras regiões do corpo. Isso exige do atleta destreza técnica e velocidade de raciocínio. Leal (2000) destaca alguns fatores que levam o atleta a erros e acertos na execução desse fundamento (Quadro 3.5).

Quadro 3.5 – Tipos de domínio de bola

Fatores que provocam o acerto na execução do domínio	Estar com o corpo equilibrado e relaxado.
	Fazer o recuo com a parte do corpo utilizada para o domínio no momento exato do contato com a bola.
	Escolher a parte certa do corpo para realizar o domínio.
Fatores que provocam o erro na execução do domínio	Deixar a bola bater no corpo. Quanto mais dura a parte do corpo, mais longe e fora de controle a bola cairá.
	Tocar por baixo da bola que chega rasteira (pelo solo), deixando-a subir exageradamente.
	O ato de realizar o domínio com grande velocidade aumenta a possibilidade de erro.

Fonte: Elaborado com base em Leal, 2000.

O gesto técnico para dominar a bola durante uma partida de futebol é fundamental para o jogador dar sequência a uma jogada. O erro na recepção da bola exige uma nova tentativa de domínio, fazendo com que o atleta perca tempo.

3.5 Condução de bola

A condução de bola é um dos fundamentos mais utilizados no futebol, pois permite ao jogador carregar a bola de um lado para o outro do campo, principalmente em direção ao ataque. Nesse sentido, Leal (2000, p. 111) destaca que "a condução é a ação que o jogador realiza após receber e dominar a bola, movimentando-a no chão em qualquer direção, com o objetivo de chegar à baliza adversária ou a uma determinada área do campo".

A condução de bola é realizada exclusivamente com os pés. Geralmente, o jogador utiliza as partes interna e externa, o peito e a sola dos pés. Essa movimentação deve ser realizada com a bola próxima ao pé do jogador, ou seja, em toques curtos, para não permitir que o adversário perceba a direção a ser tomada. Conduzir a bola com a cabeça erguida facilita a visão periférica do jogo.

Os erros na condução de bola costumam ocorrer quando o jogador dá toques longos, conduz a bola com a parte de baixo do pé ou toma a direção errada do campo. Esses erros são mais prováveis de ocorrer quando os jogadores correm em alta velocidade e executam toques alongados, o que resulta em perda de espaço, do tempo ou mesmo da posse da bola para o adversário.

Durante a condução da bola, o atleta se prepara para uma situação de ataque ou organização do jogo. O objetivo da condução é se transferir para uma região do campo mais propícia ao chute ou passe. O jogador com a posse da bola deve ter a máxima atenção, principalmente para evitar o desarme pelo jogador adversário.

O desarme, conhecido popularmente como *roubada de bola*, é considerado um fundamento defensivo. Sua execução exige noção de espaço e tempo. Caso contrário, o defensor poderá ser driblado. Melo (2001, p. 64) define esse gesto como a "técnica que o jogador adquire de impedir o adversário de progredir ou receber a bola em condições de levar perigo ao seu gol. O desarme exige excelente noção de tempo e espaço".

O fundamento da condução é sinônimo de posse de bola. E a posse está relacionada a outros fundamentos, como os passes, os chutes e a proteção, a qual, por sua vez, corresponde à intenção de um jogador de proteger ou resguardar a bola do adversário. Leal (2000) destaca que, para executar esse fundamento, o jogador geralmente fica de costas, ao lado do marcador, com um dos pés sobre a bola e um dos braços à altura do peito, procurando manter o adversário longe da bola.

3.6 Fundamentos técnicos do goleiro

A principal função do goleiro de futebol é impedir que a bola ultrapasse as linhas do gol. Ele é o único jogador que pode pegar a bola com as mãos. Esse recurso, no entanto, somente pode ser utilizado no entorno de sua meta, denominado *área do pênalti*, e apenas quando a bola é chutada por um adversário. O treinamento do goleiro deve focar as habilidades específicas para a posição, visando-se desenvolver uma preparação técnica, física e psicológica.

A **preparação técnica** refere-se ao contato do goleiro com a bola, seja para executar uma intervenção e distribuição da bola, seja para a comunicação com os companheiros da equipe. Com base em Grassroots Fifa (2019), destacamos algumas habilidades fundamentais do goleiro:

- pegar ou agarrar a bola em diferentes trajetórias (no chão, meia altura, alta ou rebote);
- saltar de diferentes formas (para o alto, para as laterais ou para a frente);

- sair em bolas aéreas (em cruzamentos ou escanteios)[1];
- posicionar-se bem no jogo "um contra um", em que o goleiro sai do gol para fechar o ângulo ou se defender do drible ou chute do atacante;
- reagir rapidamente a lances inesperados, como um chute ou cabeceio próximo ao gol.

Outro ponto essencial da preparação técnica do goleiro é o desenvolvimento da capacidade de distribuição ou reposição da bola. Entre as habilidades específicas para esse lance, podemos destacar:

- a reposição da bola com os pés, que pode ser realizada pelo solo (no tiro de meta, por exemplo), executando um passe ao companheiro próximo à área, ou pelo alto, quando o goleiro executa um chute com o dorso do pé para um companheiro, normalmente posicionado no campo adversário;
- a reposição da bola com as mãos em distâncias curtas ou médias.

A comunicação do goleiro com o time é um ponto fundamental da preparação técnica, pois ele deve ser o líder do time nos seguintes momentos:

- no posicionamento da barreira, que deve proteger um dos lados da trave enquanto o goleiro se posiciona no lado oposto do gol, de modo que possa observar a trajetória da bola;
- na comunicação para que os colegas saiam da área quando ele for realizar uma intervenção na bola, ou de forma a deixar o adversário em posição de impedimento.

---

[1] Para esse fundamento, é necessário que o goleiro saiba tomar a melhor decisão, seja para socar, seja para segurar a bola. O soco pode ser realizado com uma ou com as duas mãos. Para segurar a bola, é necessário usar as mãos no ponto mais alto e puxar junto ao corpo no momento da caída ao solo.

A **preparação física** busca dar ao goleiro agilidade, velocidade, coordenação, flexibilidade, resistência e potência, entre outras. Gonçalves e Nogueira (2006, p. 536) apontam que "Weineek (1994) define a flexibilidade como a capacidade e a qualidade que tem o atleta para executar movimentos de grande amplitude angular por si mesmo ou sob influência auxiliar de forças externas". Já a velocidade, para Gonçalves e Nogueira (2006, p. 536), é a "capacidade, segundo a base da mobilidade dos processos do sistema neuromuscular e da faculdade inerente à musculatura, de desenvolver força, de executar ações motoras em um mínimo de tempo, colocadas sob condições mínimas".

Ainda com base em estudos de Gonçalves e Nogueira (2006, p. 537), destacamos que a resistência do goleiro se refere à "extensão de tempo em que um indivíduo consegue desempenhar um trabalho com determinada intensidade". E a coordenação motora é a "capacidade de ordenar as forças externas e internas que surgem no decorrer de um movimento para conseguir o efeito de trabalho desejável". Percebemos que a preparação física é fundamental para lidar com situações previstas ou imprevisíveis do jogo. Exemplos de situações imprevisíveis são o desvio de uma bola durante sua trajetória ou uma finalização surpresa, realizada muito próximo ao goleiro.

A **preparação psicológica** é o terceiro fator essencial para um bom goleiro. Afinal, ele joga em uma posição de alta visibilidade, cobrança e vulnerabilidade. Um erro seu costuma ser fatal para o time. Por mais seguro e habilidoso que seja o atleta, basta um lance mal executado para resultar em gol adversário e possível derrota.

Por isso, o goleiro precisa ter coragem, ou seja, não ter medo de sair em direção à bola. Algumas defesas acabam ocasionando choque com o atacante. Na tentativa de evitar o gol adversário, o goleiro corre o risco de se machucar ou cometer uma falta e ser expulso do jogo.

A preparação do goleiro deve ser feita de forma integral, levando-se em consideração os diversos aspectos do jogo. Este jogador também deve realizar um estudo aprofundado do adversário. No futebol atual, há profissionais que computam e analisam os tipos de chute em faltas ou pênaltis dos adversários, orientando o goleiro sobre as melhores estratégias para deter o ataque do oponente.

Síntese

Neste capítulo, apresentamos os principais fundamentos técnicos do futebol, descrevendo os movimentos corporais que o jogador precisa fazer para executar chutes, dribles, passes e condução da bola. Destacamos pontos essenciais para aprimorar a execução desses movimentos, como o equilíbrio do corpo, a posição do pé de apoio ou de toque e a força aplicada na bola.

Por fim, evidenciamos algumas especificidades da posição de goleiro. Vimos que, em virtude da importância da posição, o goleiro deve ser treinado para desenvolver habilidades técnicas, vigor físico e controle psicológico.

Indicação cultural

GINGA: a alma do Futebol brasileiro. Direção: Fernando Meirelles. Brasil, 2004. Disponível em: <www.youtube.com/watch?v=NqG41OfCVVs>. Acesso em: 8 jun. 2019.

Em referência à ginga como uma arte própria do brasileiro, o vídeo mostra a realidade e o desenvolvimento de jogadores habilidosos praticando o futebol em contextos diversos. O documentário apresenta vários tipos de drible e finta.

Atividades de autoavaliação

1. Leia a definição a seguinte definição de Leal (2000, p. 111): "ação que se realiza para receber a bola vinda de um passe, dominando-a e colocando-a em condições adequadas para ser jogada em seguida".

    O autor se refere ao fundamento de:
    a) chute.
    b) domínio.
    c) passe.
    d) cabeceio.
    e) drible.

2. O passe pode ser caracterizado como a ação de:
    a) golpear a bola com um dos pés, visando à finalização do gol.
    b) receber a bola e dominá-la em diferentes partes do corpo.
    c) ultrapassar seu oponente com a bola, usando o movimento da ginga.
    d) transferir a bola para um companheiro de equipe.
    e) movimentar o corpo horizontalmente em direção à bola, atingindo-a com o peito do pé.

3. Sobre o goleiro, indique se as afirmações a seguir são verdadeiras (V) ou falsas (F):

    ( ) É o único jogador que pode pegar a bola com as mãos, no entanto, somente no entorno de sua meta, denominada *área do pênalti*.

    ( ) É o responsável pela armação de barreiras em cobranças de faltas.

    ( ) É o único jogador que pode fazer a reposição da bola no tiro de meta.

    ( ) É o único jogador que não pode sair da área do pênalti.

Assinale a alternativa correspondente à sequência formulada:
a) V, V, F, V.
b) V, F, V, F.
c) V, V, F, F.
d) F, F, V, V.
e) F, V, F, V.

4. O chute pode ser realizado com diversas partes do pé. No entanto, quando o jogador executa um chute com precisão, ele o realiza com:
a) a parte interna do pé.
b) a parte externa do pé.
c) o bico do pé.
d) o calcanhar.
e) o peito do pé.

5. Segundo Leal (2000), um dos principais erros ao dominar a bola é deixá-la bater na parte mais dura do corpo. As regiões do corpo mais indicadas para a realização do domínio de bola são:
a) a cabeça, o ombro e a canela.
b) o joelho, o peito e a barriga.
c) as coxas, os pés e as canelas.
d) os pés, o joelho e o peito.
e) o peito, as coxas e os pés.

Atividades de aprendizagem

Questões para reflexão

1. Considere uma situação em que uma equipe teve 70% da posse de bola, mas finalizou menos que o adversário e perdeu o jogo com derrota. Reflita sobre os motivos que podem causar essa aparente discrepância, considerando o objetivo da equipe em

manter a posse de bola para chegar ao gol adversário. Como uma equipe pode transformar a posse de bola em produtividade e efetividade?

2. Imagine que você é professor ou treinador de futebol. Ao propor a seus alunos-atletas uma atividade de drible, você planeja um jogo iniciando com reposição curta no campo de defesa, no qual o adversário pode dar combate somente após o atacante (ou seja, quem está com a bola) passar o meio-campo. Nesse jogo, a execução do drible vale 1 ponto, e a realização do gol, 2 pontos. Quais dribles podem ser explorados com esse jogo? Quais são as consequências positivas e negativas de driblar em um jogo de futebol?

Atividades aplicadas: prática

1. O *scout* é desenvolvido em diferentes modalidades esportivas para observar protocolos técnicos, táticos e físicos individuais ou coletivos. Esses dados são importantes para o trabalho de treinadores, preparadores físicos e demais profissionais. Assista a uma partida completa de futebol e preencha o *scout*, anotando os fundamentos técnicos executados de maneira certa ou errada no jogo. O modelo do *scout* está disponibilizado na seção "Anexo" desta obra.

2. Sugestão de plano de aula para trabalhar os fundamentos técnicos do futebol:

   Tema: Futebol.

   Subtema: Fundamentos de condução, passe e chute.

   Objetivo: Aperfeiçoar a técnica de passes, domínios e chutes dos alunos.

   Material: Bolas de futebol, traves e cones.

Início da aula: Esta atividade pode ser realizada com alunos a partir de 10 anos. Inicialmente, contextualize as atividades propostas. Em seguida, desenvolva o aquecimento, fazendo com que os alunos corram conduzindo a bola com as diversas partes do pé (parte interna, externa, peito do pé, sola etc.) entre as extremidades laterais do campo.

Desenvolvimento: Divida os participantes em filas pelos diversos espaços do campo (4 ou 5 jogadores em cada fila). Cada fila deve ficar posicionada atrás de cones, a determinada distância da trave. O jogador A deve realizar o zigue-zague entre os cones e passar a bola ao jogador B, da outra fila. O jogador B, por sua vez, deve dominar a bola e devolver o passe ao jogador A, que deve finalizar a gol. Feito isso, os jogadores devem se alternar na fila.

Variação: Trabalhar chutes de diversas formas, com as duas pernas.

Encerramento: Verifique quais dificuldades os alunos tiveram ao realizar as atividades e os oriente de forma individual.

Capítulo 4

Fundamentos táticos do futebol

Após estudarmos as habilidades técnicas necessárias ao jogador profissional, trataremos dos fundamentos táticos do futebol. Neste capítulo, analisaremos o posicionamento dos atletas, os sistemas de jogo e as formações em jogadas de bola parada.

Os sistemas táticos tiveram várias inovações ao longo dos anos. Assim, retrataremos os principais aperfeiçoamentos para a estratégia de jogo, buscando evidenciar a importância do trabalho técnico para a vitória de um time.

4.1 Posicionamento dos atletas no futebol de campo

Como vimos nos capítulos anteriores, o futebol é uma modalidade pautada por contínuas transformações. O posicionamento dos jogadores também mudou ao longo das décadas, embora preservando uma certa estrutura básica. Scaglia (1996) relaciona as posições mais tradicionais do futebol: goleiros, zagueiros (central, quarto-zagueiro e líbero), laterais ou alas ofensivos, meias de contenção ou armação, atacantes ou centroavantes e atacantes de beirada ou ponta.

Por causa de seu posicionamento, o **goleiro** possui uma visão privilegiada do jogo. Sua principal função é impedir que a bola entre no gol. Porém, é cada vez mais usado em jogo de posicionamento, saindo da área com a bola nos pés e iniciando a construção de uma jogada a partir da defesa.

Figura 4.1 – Goleiro posicionado no gol

Vasyl Shulga/Shutterstock

O espaço primário de atuação do goleiro é a pequena e a grande área, em frente ao gol, onde lhe é permitido pegar a bola com as mãos, desde que chutada por um adversário. Em caso de utilização das mãos fora da grande área, o goleiro normalmente é expulso da partida.

O goleiro titular costuma utilizar a camisa número 1, com variações para o 12 ou 21. Ele deve usar um uniforme de cor diferente, para não ser confundido com os demais jogadores dos dois times. Em virtude das peculiaridades da posição, conta com um treinador exclusivo. No futebol moderno, o goleiro deve ter uma grande estatura física, flexibilidade, excelentes reflexos e grande capacidade de saltar lateralmente, além de coordenação, velocidade de reação e habilidades técnicas com os pés. O objetivo do preparo é torná-lo capaz de cobrir a área de gol, de 2,44 m de altura por 7,32 m de comprimento.

No setor defensivo, temos os **zagueiros**, divididos entre zagueiro central, ou quarto zagueiro, e defensores que atuam na direita ou na esquerda. Geralmente, o sistema defensivo é composto por cinco jogadores: goleiro, lateral direito, lateral esquerdo e os dois zagueiros centrais, destacados na Figura 4.2. Observe que eles estão dispostos em frente à grande área, protegendo a meta. A altura é uma característica importante para os defensores, pois as jogadas aéreas são uma importante forma de ataque. Além disso, os zagueiros modernos devem ser fortes, rápidos e técnicos. Também devem possuir a capacidade de leitura de jogo e de antecipação de uma jogada.

Figura 4.2 – Posição dos zagueiros

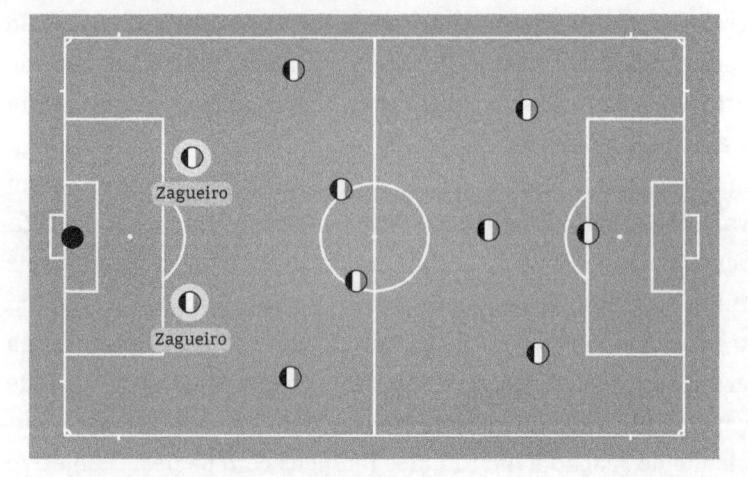

O **líbero** é um jogador que permanece atrás dos demais jogadores de defesa (zagueiros), atuando como última salvaguarda antes do goleiro. Ele transita pela direita e pela esquerda dos espaços defensivos, pelas costas dos zagueiros centrais.

Os **laterais** formam a linha defensiva junto com os zagueiros, atuando nas laterais direita e esquerda do campo. São responsáveis por apoiar tanto o sistema defensivo quanto o ofensivo. Por isso, esses atletas precisam ter resistência, fôlego e velocidade para percorrer os 100 m de campo, da defesa ao ataque. Ao defender, o lateral tem como objetivo recuperar a bola. Ao atacar, sua função é passar, lançar, armar ou cruzar as bolas para que os meias e atacantes consigam fazer o gol. Isso não impede que o próprio lateral finalize a gol, atuando como elemento surpresa.

Figura 4.3 – Laterais

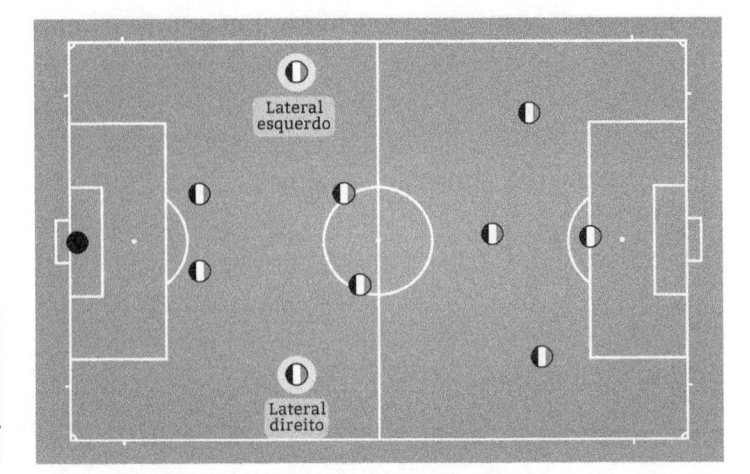

Essa posição pode ser desempenhada pelos alas ou laterais avançados – mais livres, menos preocupados com a defesa. Quando um lateral sobe para apoiar o ataque, outros jogadores, como zagueiros e volantes, devem cobrir os espaços vazios. A utilização de laterais ou alas varia de acordo com o sistema de jogo proposto pelo treinador.

O **volante**, como o próprio nome sugere, guia e auxilia o sistema defensivo. Cada treinador pode utilizar até três volantes, conforme o sistema tático e o objetivo da partida.

Figura 4.4 – Posicionamento dos volantes

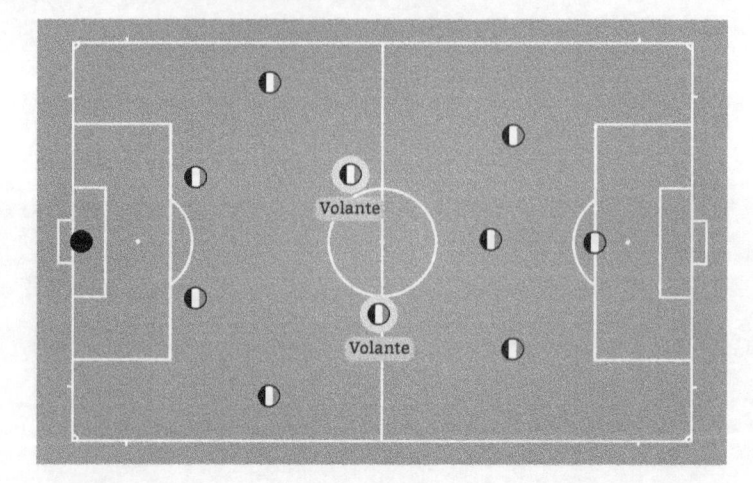

Quando o treinador utiliza apenas um volante, este tem a função principal de marcar e ocupar o espaço em frente à linha de zagueiros. Quando opta por utilizar dois jogadores nessa posição, um tende a apoiar mais o ataque, enquanto o outro permanece junto à defesa, tornando-se um terceiro defensor. Outra característica desse esquema com dois volantes é que um joga mais para a direita e o outro, mais para a esquerda. Quando um deles apoia o ataque, o outro permanece na cobertura, em um perfeito sincronismo adquirido ao logo de treinos e partidas.

A principal função do volante é combater o adversário antes de ele chegar à linha de defesa. No futebol moderno, ele passou a ser também um elemento surpresa, que chega ao gol adversário e faz gols.

As principais habilidades para a posição são: força física, resistência cardiovascular, inteligência, visão de jogo para desarmar e armar jogadas, criatividade, boa marcação e qualidade nos passes e lançamentos.

O **meia de armação** ou **meia de ataque** é considerado o cérebro da equipe, sendo responsável por criar os principais lances ofensivos e marcar gols. Geralmente, veste a camisa número 10 e recebe um dos maiores salários do clube.

Ele atua em diferentes espaços do campo: pela direita ou pela esquerda ofensiva e defensiva da equipe, fazendo ultrapassagens pelas laterais, infiltrando-se na defesa adversária ou como um elemento surpresa.

Figura 4.5 – Meia de armação ou meia de ataque

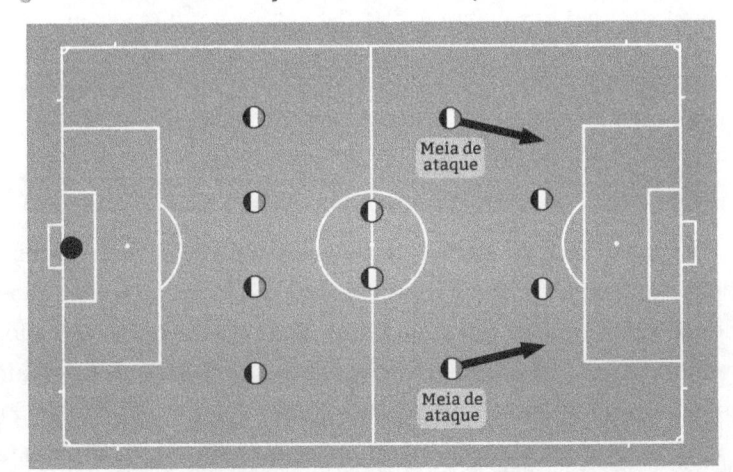

Suas características são a resistência cardiovascular, a qualidade técnica com a bola, o domínio dos principais fundamentos do futebol, como o drible e a condução de bola e a excelente visão de jogo. Apesar de sua característica mais ofensiva, esse jogador também tem a função de marcador e circula por toda a parte central e lateral do campo, quando necessário.

O **atacante de área**, **atacante centralizado** ou **centroavante** é o principal responsável por fazer os gols da equipe. É também o primeiro marcador defensivo quando a equipe adversária dá a saída de bola em sua própria linha de fundo.

Figura 4.6 – Atacante de área, atacante centralizado ou centroavante

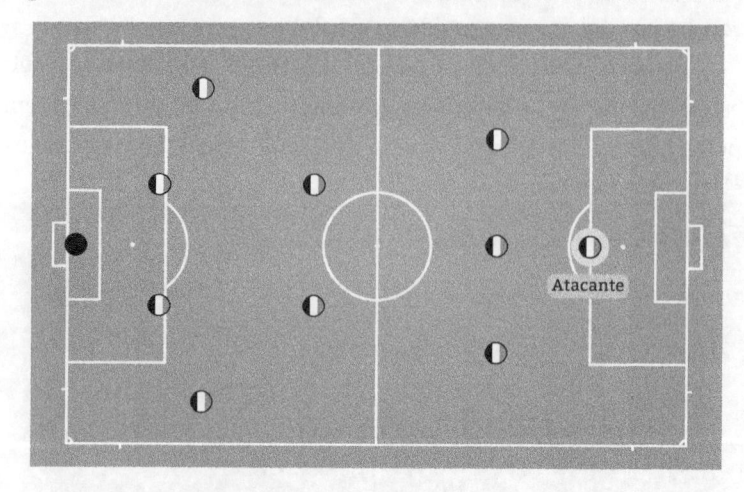

Suas principais características são a força para proteger a bola, rapidez para chegar antes dos adversários na área, bom cabeceio e ótima finalização a gol. Ele ainda serve como um apoiador, retendo a bola no ataque para aguardar a chegada dos demais jogadores ao sistema ofensivo da equipe.

Por ter uma série de habilidades, ele também está na lista dos jogadores mais bem-remunerados de uma equipe. Alguns treinadores preferem os atacantes com mais mobilidade, uma característica bastante valorizada no futebol moderno. Outros optam por manter um jogador com grande capacidade de proteção, domínio e finalização de bola próximo ao gol adversário, servindo de referência para que a bola chegue e permaneça no ataque.

Atacantes de beirada ou **pontas** são jogadores que atuam no ataque, porém pelas laterais do campo. São considerados jogadores com muita técnica, habilidosos, rápidos e finalizam a bola com frequência no gol adversário. São altamente valorizados pelos clubes e muito bem remunerados.

Figura 4.7 – Atacante de beirada ou ponta

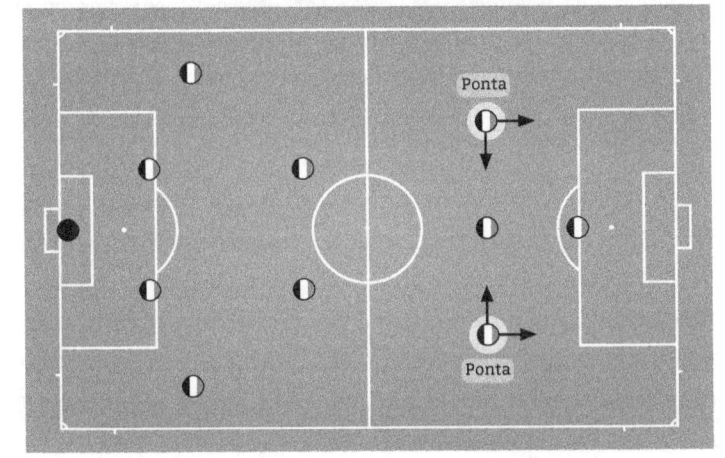

Por fim, ressaltamos que essas posições não são fixas. Técnicos arrojados costumam inovar, mudando posicionamentos ou funções. Além disso, a nomenclatura tende a mudar conforme o idioma e o sistema tático. Em seguida, vamos abordar esses sistemas, analisando como os técnicos dispõem suas peças pela extensão do campo.

4.2 Evolução dos sistemas táticos

Os **sistemas táticos** ou **sistemas de jogo** consistem na forma como uma equipe se organiza em campo com o objetivo de atingir o ataque e se precaver na defesa (Voser, 2014). Os sistemas podem ser modificados ao longo de um campeonato, ou mesmo durante uma partida, caso o objetivo seja vencer, empatar ou evitar uma derrota. Para entendermos melhor os sistemas de jogo, é necessário compreender sua evolução ao longo do tempo. Segundo Parreira (2005):

O futebol era posicionado pelos ingleses no sistema 1-1-1-8, com um goleiro, apenas um defensor, um jogador do meio-campo e oito atacantes. Depois disso, vieram os escoceses, que adotaram o sistema 1-2-2-6 com um goleiro, dois zagueiros, dois meios de campo e seis atacantes, foi quando os zagueiros começaram a jogar um do lado do outro e não um à frente do outro.

Em 1883, o chamado *sistema pirâmide*, formado por um goleiro, dois zagueiros, dois meios de campo e seis atacantes, chegou com força ao futebol europeu. No meio de campo havia um meia-direita, um meia-central e um meia-esquerda. No ataque, havia um ponta-esquerda, um meia-direita, um meia-esquerda e um centroavante. Na ocasião, a lei do impedimento permitia que até três jogadores estivessem à frente dos atacantes. Em 1925, o limite foi reduzido para dois.

De acordo com Parreira (2005), a década de 1930 trouxe mudanças táticas profundas. As defesas passaram a ser fortalecidas com quatro zagueiros. O meio de campo era composto por dois jogadores, e quatro atacantes fechavam o chamado esquema 4-2-4. O Brasil venceu as Copas de 1958 e 1962 com uma variante desse esquema, o 4-3-3.

Próximo a 1980, surgiu o 4-4-2, bastante utilizado no futebol brasileiro da época. Esse esquema também ganhou variações, como o 3-5-2. Na década seguinte, o sistema 3-4-3 se mostraria bastante eficiente.

No decorrer de um campeonato, algumas equipes trocam diversas vezes de sistemas táticos, de acordo com as características dos adversários. Dessa forma, as equipes buscaram contratar jogadores que cumpririam duas ou mais funções, a fim de suprir necessidades durante os campeonatos e jogos.

Agora que sabemos um pouco mais da história dos sistemas de jogo, vamos analisar as principais formações táticas utilizadas na Europa e no Brasil.

4.2.1 Sistema tático 4-3-2-1

Bastante adotado por clubes europeus, o sistema tático 4-3-2-1 parece simples quando visto sem movimentação. Porém sua dinâmica é bastante complexa. É composto por goleiro; laterais direito e esquerdo; dois zagueiros, que atuam pelo lado direito e esquerdo do campo; três volantes, sendo dois defensivos, que atuam cada um de um lado do campo e à frente da dupla de zagueiros. O terceiro volante é o mais ofensivo. Conhecido como *meia-ofensivo*, chega com facilidade ao ataque, como elemento surpresa. A formação é completada por dois atacantes, que atuam nas pontas direita e esquerda, e um centroavante centralizado – ponto frontal de referência da equipe.

Em resumo, cinco jogadores atacam em diferentes espaços. A principal vulnerabilidade desse sistema é deixar espaços para o contra-ataque. Por isso, caso o adversário tome a bola, todos os jogadores devem correr muito rápido para recompor o sistema defensivo. Na figura a seguir, mostramos uma formação 4-3-2-1 com quatro jogadores na defensiva, três no meio de campo, dois mais avançados, atuando pelas pontas, e um centroavante.

Figura 4.8 – Sistema tático 4-3-2-1

Quadro 4.1 – Análise dos pontos positivos e negativos do sistema tático 4-3-2-1

Pontos positivos	Pontos negativos
- Versatilidade dos jogadores. - Variação de posicionamento. - Meias penetram como atacantes e fazem gols. - Laterais chegam à linha de fundo ou chutando ao gol. - Centroavante fixo na área. - Ataque com cinco jogadores.	- Laterais que apoiam o sistema ofensivo tendem a criar buracos na defesa. - A terceira linha, formada por dois jogadores (os meias extremos, conforme a Figura 4.8), deve dar o combate na saída de bola com os laterais, caso contrário a defesa fica vulnerável. - Ao ser contra-atacado, o meio de campo fica vulnerável, pois há um grande número de jogadores abertos no ataque, jogando pelas laterais do campo. - Os atletas devem ter um ótimo preparo físico. - Os meias ofensivos precisam ter ótima atuação para não sobrecarregarem o setor defensivo.

4.2.2 Sistema tático 4-4-2

O sistema tático 4-4-2 foi muito utilizado na década de 1990, sendo também um dos preferidos do futebol brasileiro. Os meias podem atuar próximos, em linha, como mostra a figura a seguir. Aqui, temos quatro jogadores na defesa, quatro no meio de campo e dois no ataque.

Figura 4.9 – Sistema tático 4-2-2 em formato linha

- Lateral esquerdo
- Meia-esquerda
- Quarto zagueiro
- Volante
- Atacante
- Zagueiro central
- Volante
- Atacante
- Lateral direito
- Meia-direita

Dx09/Shutterstock

Quadro 4.2 – Análise dos pontos positivos e negativos do sistema tático 4-4-2

Pontos positivos	Pontos negativos
▪ Os três setores (defensivo, meio de campo e ofensivo) podem ser bem ocupados. ▪ Os laterais têm passagem aberta até a linha de fundo do campo adversário. ▪ O ataque é apoiado pelos meias ofensivos e defensivos. ▪ Dois atacantes se posicionam sempre à frente da equipe.	▪ As linhas devem estar próximas umas das outras, caso contrário, abrem buracos nos setores. ▪ Os meias devem se aproximar dos atacantes com rapidez. ▪ Na opção pelo losango, as linhas aumentam a distância entre os meias e os atacantes. ▪ Na subida dos laterais, é necessário remanejar outros jogadores para a posição.

4.2.3 Sistema tático 4-3-3

O sistema tático 4-3-3 foi muito utilizado na década de 1980, no Brasil e no exterior. Sua principal característica é a utilização de três atacantes, com dois deles abertos pelas laterais. Também é útil para reforçar o meio de campo, com dois volantes centralizados à frente da zaga e apenas um meia responsável pela armação do jogo. Esse desenho pode ser invertido, com um volante e dois meias.

A equipe do Barcelona, da Espanha, é um exemplo de equipe que utiliza esse sistema. Dessa forma, o time aproveita a rapidez de seus atacantes e a criatividade dos meias.

A figura a seguir representa a formação básica. Perceba que há quatro jogadores defensivos, três no meio de campo e três no ataque, sendo dois pelas pontas e um pelo centro). Quando os dois pontas voltam ao setor defensivo para marcar, o sistema é facilmente confundido com o 4-5-1.

Figura 4.10 – Sistema tático 4-3-3

Dx09/Shutterstock

Quadro 4.3 – Análise dos pontos positivos e negativos do sistema tático 4-3-3

Pontos positivos	Pontos negativos
<ul><li>Ocupação de todos os espaços do campo.</li><li>Sistema muito ofensivo.</li><li>A defesa adversária se preocupa constantemente com a quantidade de atacantes.</li><li>Possibilita a mudança de sistema tático, caso necessário.</li><li>Abre espaços para os laterais.</li><li>Sempre existe um volante para apoiar a defesa.</li><li>Os três atacantes marcam a saída de bola adversária.</li></ul>	<ul><li>Por dispor de três atacantes, o sistema defensivo da equipe fica aberto ao contra-ataque.</li><li>Caso os pontas não retornem, sobra aos meio-campistas um espaço maior para defender.</li><li>Caso os demais jogadores da ponta ou o jogador do meio de campo não consigam avançar, o ataque ficará isolado.</li><li>Na troca de um volante por um meia, a primeira linha de defesa conta com apenas um jogador de apoio.</li></ul>

4.2.4 Sistema tático 3-5-2

O sistema tático 3-5-2 é muito utilizado quando o objetivo é povoar o meio de campo. É formado por três jogadores defensivos, cinco no meio de campo e uma dupla de atacantes. Perceba, na figura a seguir, que os três zagueiros estão em linha. Um dos zagueiros pode recuar, transformando-se em líbero, quando a equipe compacta na defesa. Observe que os dois laterais ficam bem abertos. Quando avançam ao ataque, a equipe passa a ter cinco jogadores ofensivos.

Figura 4.11 – **Sistema tático 3-5-2**

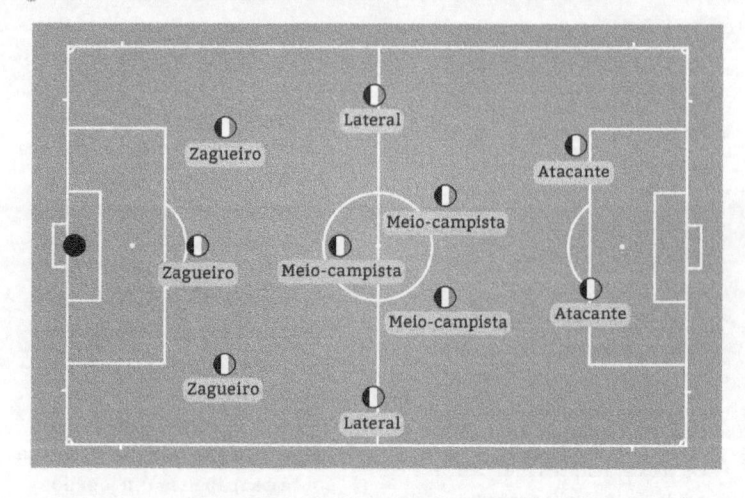

[Diagrama de campo de futebol com a formação 3-5-2: Zagueiro, Zagueiro, Zagueiro, Lateral, Meio-campista, Meio-campista, Meio-campista, Lateral, Atacante, Atacante]

Dx09/Shutterstock

Quadro 4.4 – **Análise dos pontos positivos e negativos do sistema tático 3-5-2**

Pontos positivos	Pontos negativos
▪ Maior número de jogadores no meio de campo. ▪ Dificulta as jogadas adversárias pelo meio do campo. ▪ Avanços contínuos dos laterais para apoio aos atacantes. ▪ Chegada de vários jogadores à área.	▪ Quando os laterais apoiam o ataque, um volante deve proporcionar cobertura às laterais. ▪ A equipe deve possuir zagueiros com boa qualidade técnica. ▪ O líbero é o último jogador, portanto não pode cometer erros. ▪ Incapaz de forçar muitos impedimentos para o time adversário.

Como abordamos anteriormente, nos primórdios do futebol moderno os times adotavam sistemas táticos extremamente ofensivos, com até oito jogadores no ataque. A defesa ficava abandonada, com apenas um jogador. Atualmente, os times prezam por sistemas táticos defensivos consistentes, preocupando-se primeiramente em defender para depois atacar.

4.3 Transições defensivas (ataque–defesa)

O jogo de futebol é altamente dinâmico. Embora os esquemas definam posições e funções, durante a partida os jogadores devem ampliar esforços, se desdobrando em funções adicionais, apoiando, marcando e, inclusive, improvisando posições e movimentações. Quando uma equipe perde a bola, torna-se necessário um esforço coletivo e individual para marcar, cobrir espaços e recuperar a posse de bola o mais rápido possível, antes que o adversário faça o gol. Os jogadores precisam estar o tempo todo concentrados, buscando recuperar e conservar a posse de bola. O esforço para tomar a bola é de toda a equipe – uma verdadeira sinfonia tática, que envolve horas de treinamento até que os jogadores assimilem seu posicionamento.

Uma **transição defensiva** bem-sucedida exige atenção e disciplina. Veja, no esquema a seguir, os princípios de organização tática adotados para guiar uma transição.

Figura 4.12 – Princípios de organização tática no futebol

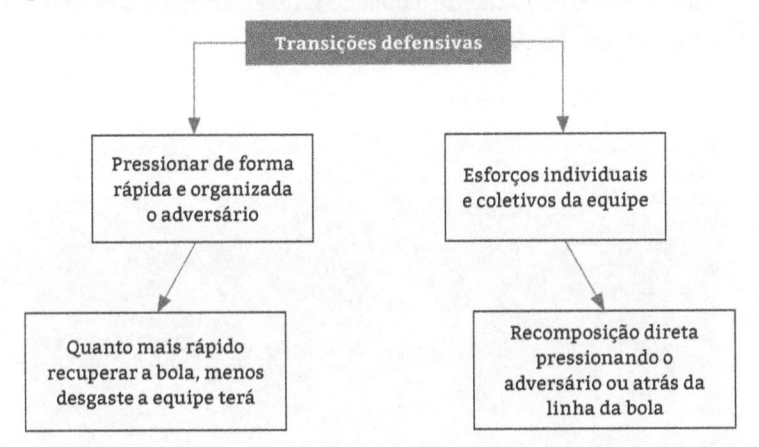

```
                    Transições defensivas
                    /                    \
    Pressionar de forma            Esforços individuais
    rápida e organizada            e coletivos da equipe
    o adversário
            |                              |
    Quanto mais rápido             Recomposição direta
    recuperar a bola, menos        pressionando o
    desgaste a equipe terá         adversário ou atrás da
                                   linha da bola
```

Fonte: Elaborado com base em Zago, 2008.

Pivetti (2012) relaciona ações básicas de uma transição defensiva:

- pressionar o adversário que recuperou a bola o mais rápido possível;
- fazer a pressão com o jogador mais próximo da bola;
- dobrar a marcação, dificultando a saída de bola do adversário;
- diminuir os espaços rapidamente no local em que a bola foi perdida;
- movimentar-se rapidamente pela recuperação da bola em todos os setores do campo;
- essa pressão dificulta a tomada de decisão pelo adversário;
- a pressão provoca erros nos passes e lançamentos adversários;
- se a pressão for realizada no campo adversário, existe grande chance de se transformar em gol.

Na figura a seguir, podemos visualizar as transições defensivas. Os jogadores redondos estão em fase de transição defensiva. Os números 10 e 11 atacam a bola do lateral, enquanto os demais buscam cobrir os espaços.

Figura 4.13 – Transição defensiva

Na figura, a equipe destacada inicia uma transição defensiva após perder a bola. Os jogadores mais próximos do setor (números 10 e 11) avançam sobre o lateral adversário para tentar recuperar a bola. Enquanto isso, os números 2, 3, 8, 6 e 9 diminuem os espaços da equipe adversária.

Os jogadores destacados estão em fase de transição defensiva. Os números 10 e 11 atacam a bola em posse do lateral, enquanto os demais buscam cobrir os espaços. Após a perda de bola, todos os jogadores correm para a região em que a outra equipe a retomou. Como o adversário está perto do próprio gol, o time o cerca para tentar retomar a bola e contra-atacar. Se não houver uma recuperação rápida, a equipe opta por se recompor atrás da linha da bola. Os jogadores voltam a ocupar suas posições no esquema tático o mais rápido possível.

A pressão sempre é feita pelos jogadores próximos à bola, forçando o jogador adversário a tentar um lançamento longo em direção aos colegas atacantes, como se quisesse se livrar da bola. Você deve estar se perguntando: Por que, então, os times não fazem transições defensivas o tempo todo? Acontece que a movimentação exige muita capacidade física dos jogadores, por ser realizada sempre em alta velocidade. Usá-la com frequência irá cansar a equipe, fragilizando-a.

Uma transição defensiva malsucedida pode permitir um contra-ataque adversário. Por isso, os treinadores orientam os atletas a correr rapidamente de volta para a defesa. Os jogadores se organizam enquanto correm, buscando se posicionar no setor para o qual a bola está sendo conduzida.

Os atletas das grandes equipes europeias estudam e respeitam o conceito de transição. Entre os brasileiros, essa cultura ainda precisa ser aprofundada. Nossos clubes precisam treinar intensamente essa movimentação, ganhando um recurso adicional para disputar competições internacionais.

4.4 Transições ofensivas (defesa–ataque)

Um campo de futebol tem 7 mil m² de área. Para que um time de 11 jogadores seja capaz de ocupar os espaços, é necessário, além de resistência física, um avançado sentido de organização e entrosamento. A **transição ofensiva** é uma das maiores exigências do futebol atual, devendo ser exaustivamente treinada pelas equipes. Cada jogador deve conhecer as rotas de deslocamento dos colegas quando o time estiver com a posse da bola. De acordo com Pivetti (2012), após a recuperação da bola, os jogadores devem tomar decisões muito rápidas, imaginando para onde seus companheiros se deslocarão.

A primeira ação é surpreender um adversário ainda desorganizado defensivamente, aproveitando essa fragilidade para tentar marcar um gol. Outra estratégia é recuperar a bola e enviá-la para uma zona do campo que esteja livre. Na gíria futebolística, o time deve "fazer a bola girar".

Observe, na figura a seguir, que o jogador número 6 está com a bola em uma zona de pressão, onde o contra-ataque se torna inviável devido ao grande número de jogadores defensivos. Certamente, ele optará por "virar a jogada" para os números 5 ou 7, retirando a bola da zona de pressão.

Figura 4.14 – Transições ofensivas

Você deve estar se perguntando se a transição defensiva é muito importante para a transição ofensiva, e vice-versa? Se você respondeu que sim, está correto. A organização de um time no sistema defensivo (uniforme vermelho, na figura ao lado), contribui para o seu próprio ataque. Ao recuperar a bola da equipe adversária, existe a possibilidade de um contra-ataque eficiente, por meio do qual é possível marcar um gol.

Para compreender melhor a transição ofensiva, observe mais uma situação, ilustrada na figura a seguir.

Figura 4.15 – Transição ofensiva

O jogador número 2, que está com a posse de bola, tem três opções: a primeira é devolver a bola para o goleiro, tirando-a da zona de pressão. A segunda é tocá-la para o jogador número 11, que está rodeado de adversários. E a terceira é fazer uma ligação direta para o ataque com o jogador número 9, que se deslocará em diagonal rumo ao ponto futuro em que receberá a bola. Esta última opção é a mais utilizada. Além de tirar a bola da zona de pressão, possibilita um contra-ataque.

As equipes do futebol europeu provavelmente recuariam a bola para o goleiro, que passaria ao lateral oposto, construindo a jogada pelo outro lado do campo. As equipes brasileiras costumam optar pelo contra-ataque com o número 9, a fim de afastar a bola da zona de pressão e criar uma possibilidade de gol. Cada país desenvolveu uma cultura de futebol, consolidada por anos de prática.

Existem inúmeras ocasiões em que é possível realizar uma transição ofensiva. Sua frequência e eficiência depende das diferenças táticas, técnicas e até de estrutura financeira das equipes.

Para você compreender melhor esse conceito, elencamos algumas situações que propiciam seu uso:

- equipe com a posse de bola;
- troca de passe rápido após a recuperação da bola;
- ações rápidas e organizadas dos jogadores com posse de bola;
- aproveitamento da desorganização tática do adversário;
- a transição ofensiva depende do local do campo em que a posse de bola for recuperada: quanto mais próximo ao gol adversário, maior a probabilidade de gols;
- após um passe ou lançamento longo em direção ao gol;
- verbalização constante entre os jogadores;
- ligação direta entre ataque e defesa;
- utilização tática do espaço ocupado pela equipe;
- coletividade e individualidade eficientes.

Assim como nos posicionamentos táticos e na transição defensiva, a transição ofensiva não foge à regra do esforço via treinamento. Somente um time muito bem entrosado consegue executar jogadas como essas.

4.5 Bola parada

As bolas paradas são um dos momentos mais significativos do futebol. Muitas partidas são decididas em lances de falta e escanteio – sem falar dos pênaltis. Por isso, qualquer equipe vencedora deve dominar essas jogadas, treinando-as à exaustão. A seguir, apresentamos os lances de bola parada definidos pelas regras do tutebol.

4.5.1 Tiro penal ou pênalti

Segundo as regras oficiais da CBF (2017, p. 98), um tiro penal ou pênalti é marcado se um jogador cometer uma infração punível com tiro livre direto dentro de sua área penal. Ele pode ser executado diretamente para o gol ou ser passado para o companheiro que está fora da grande área.

Para que haja a cobrança de uma penalidade, alguns procedimentos devem ser seguidos:

> A bola deve estar imóvel na marca penal.
>
> O executante do pênalti deve ser claramente identificado.
>
> [...]
>
> O goleiro deve permanecer sobre a linha de meta, de frente para o executante e entre os postes da meta, até a bola ser tocada.
>
> Todos os jogadores, fora o executante e o goleiro, devem encontrar-se:
>
> - pelo menos a 9,15 m da marca penal;
> - atrás da marca penal;
> - dentro do campo de jogo;
> - fora da área penal.
>
> Após todos os jogadores ocuparem suas posições, de acordo com esta regra, o árbitro dará o sinal para que o pênalti seja executado.
>
> O executante do pênalti deve tocar a bola para frente; toques de calcanhar são permitidos desde que a bola se mova para frente.
>
> A bola entrará em jogo logo que seja tocada e se mova claramente.
>
> O executante não pode tocar na bola uma segunda vez antes que outro jogador a toque.
>
> O tiro penal só estará concluído quando a bola parar de se mover, sair de jogo ou quando o árbitro interromper o jogo por qualquer infração às regras.

O árbitro pode conceder tempo adicional para permitir que um tiro penal seja executado e concluído no final de cada período do jogo ou da prorrogação. (CBF, 2017, p. 119-120)

Devemos lembrar que o pênalti durante o jogo, como resultado de uma falta dentro da área, guarda diferenças com a decisão por pênaltis, usada como critério de desempate em jogos eliminatórios.

4.5.2 Tiro de canto ou escanteio

Os escanteios são cobranças com a bola no ângulo formado pela linha de fundo e a lateral. Ele deve ser cobrado quando um defensor chuta a bola para fora, pela sua própria linha de fundo. É um tiro livre direto, que pode ser curto, médio ou longo (Pivetti, 2012).

O **tiro curto** ocorre sempre com dois jogadores próximos ao local da cobrança. Os companheiros trocam passes curtos, gerando jogadas quase sempre ensaiadas. O objetivo é surpreender a defesa e marcar o gol. Os **tiros médios** são passes para um jogador que está correndo para fora da área. Este deve devolver a bola para o jogador que está no escanteio. Com esse movimento, o cobrador obtém um ângulo melhor para o cruzamento. Por fim, o **tiro longo** é cobrado diretamente para a grande área, na primeira ou na segunda trave, para que um colega possa marcar o gol por cabeceio ou chute. Exige rapidez e força, pois a disputa aérea na área é bastante intensa. Além de vários defensores, o goleiro está preparado para correr em direção a bola, usando sua altura, impulsão e envergadura para vencer a batalha pelo alto.

Esses são os escanteios mais comuns utilizados pelas equipes de futebol. Há outro tipo de lance de escanteio, bastante raro, conhecido como *gol olímpico*. Ocorre quando a cobrança resulta em gol sem que nenhum outro jogador tenha tocado nela. Além de tecnicamente difícil de executar, pois demanda aplicar uma curva na trajetória da bola, ainda depende de uma falha do goleiro.

Os escanteios possuem outras peculiaridades. O jogador destro faz as cobranças do lado esquerdo, enquanto o canhoto é o cobrador direito. Assim, a bola ganha trajetória fechada, na direção do gol.

4.5.3 Faltas frontais

A falta frontal é aquela cometida perto dos 40 metros da grande área, no bico ou na meia-lua – posições que aumentam a possibilidade de gol. As faltas frontais longas também são consideradas perigosas, principalmente se o cobrador tiver potência no chute. Podem ser classificadas como curtas (colocadas) ou potentes (fortes). Por isso, é muito comum ver, em um treino de futebol, os jogadores efetuarem dezenas de cobranças. Jogadores tidos como habilidosos costumam ter grande domínio desse fundamento.

Jogadores canhotos normalmente cobram as faltas pelo lado direito, e vice-versa.

4.5.4 Arremessos laterais ofensivos e defensivos

O lateral é a cobrança mais comum no futebol, ocorrendo centenas de vezes durante uma partida.

Os arremessos são classificados como ofensivos, defensivos, curtos, médios e distantes. Os **curtos** buscam apenas repor a bola em jogo. Os **médios** são utilizados para alcançar um colega mais bem posicionado.

Os laterais costumavam ser um lance banal, sem nenhuma emoção para o torcedor. Recentemente, o lateral que ocorre paralelo à área começou a ser batido para dentro dela. São os chamados *laterais longos*, usados geralmente por jogadores fortes, que tentam levar perigo à defesa.

É um lance que, a partir de meados dos anos 2010, começou a se tornar moda no futebol brasileiro e sul-americano. Entretanto, de acordo com Pereira (2015), a chance de ocorrer um gol a partir desse lance é de apenas 0,5%. A pouca eficiência do lateral longo tem dois motivos. Primeiro, o atleta precisa tomar distância e correr rápido até o limite da linha, impulsionando o arremesso da bola. Essa movimentação alerta a defesa sobre a intenção do atacante. Além disso, a cobrança com as mãos tem pouca potência, facilitando a cobertura pela defesa.

4.5.5 Tiros de meta

O tiro de meta é cobrado da pequena área, normalmente pelo goleiro, para repor a bola em jogo após o time que estava atacando tê-la chutado pela linha de fundo. Até 2019, a bola entrava em jogo somente quando saía da grande área. Porém a Ifab mudou a regra, determinando que o time pode dar sequência à partida mesmo se um jogador receber o tiro de meta dentro de sua área (Novas regras..., 2019). Este é um exemplo bem recente de como as regras são constantemente revistas e aperfeiçoadas.

Um gol pode ser marcado diretamente de um tiro de meta. No entanto, se a cobrança fizer a bola entrar na própria meta, não será considerado gol.

4.5.6 Bolas de início e reinício de jogo

A bola parada do início da partida é sorteada pelo árbitro em frente aos capitães das duas equipes. Ela é colocada no ponto central do campo, dentro do círculo central, de forma estática, e pode ser tocada somente após o apito inicial.

O procedimento é o mesmo no reinício do segundo tempo. Dessa vez, saída é feita pela equipe contrária àquela que iniciou a partida. De acordo com a CBF (2017), a bola de reinício de jogo deverá acontecer todas as vezes que as equipes marcarem um gol.

Em resumo, as bolas paradas são jogadas estratégicas do futebol, seja para marcar diretamente o gol, seja para melhorar o posicionamento da equipe.

Síntese

Neste capítulo, estudamos as posições dos jogadores de futebol, compreendendo as principais características e funções dos goleiros, zagueiros, laterais, volantes, meios de campo e atacantes.

Analisamos os esquemas táticos, traçando sua evolução desde o início da modalidade até a chegada dos esquemas modernos, utilizados no Brasil e no mundo.

Abordamos as transições defensivas e ofensivas, usadas pelos times para pressionar o adversário assim que perdem ou roubam a bola. Entendemos a estratégia empregada na movimentação, os momentos em que podem ser utilizadas e as soluções possíveis para cada lance.

Por fim, relacionamos as cobranças de bola parada. Vimos como são treinadas – de acordo com as características de cada jogador. Compreendemos que as bolas paradas são jogadas fundamentais, capazes de gerar amplas oportunidades de marcar gol.

Indicação cultural

PIVETTI, B. M. F. **Periodização tática**. São Paulo: Phorte, 2012.

> O livro aborda diversos assuntos essenciais do futebol, como fundamentos teóricos e táticos, princípios de aprendizagem, modelos de táticas, periodização tática, exercícios técnicos e táticos e ciclos de treinamento, entre outros. Esses temas são fundamentais para quem busca capacitação para ministrar um treinamento completo ou coordenar equipes técnicas de futebol.

Atividades de autoavaliação

1. Oficialmente, as medidas do campo de futebol oficiais são de 90 m a 120 m de comprimento por 45 m a 90 m de largura, em formato retangular. Ele é formado por linhas de fundo, laterais, grande área, círculo central e marca do pênalti. O comprimento e a largura do gol são:

    a) 2,44 m de altura × 7,32 m de largura.
    b) 2,47 m de altura × 7,32 m de largura.
    c) 2,33 m de altura × 7,64 m de largura.
    d) 2,56 m de altura × 7,35 m de largura.
    e) 2,76 m de altura × 7,44 m de largura.

2. O nome dado ao zagueiro que permanece atrás dos demais defensores para fazer a cobertura do sistema defensivo é o:

    a) último zagueiro.
    b) zagueiro central.
    c) zagueiro líbero.
    d) zagueiro da sobra.
    e) quarto zagueiro.

3. Segundo Voser (2014), o sistema tático:

    a) tem como objetivo organizar o sistema defensivo e bloquear a passagem do adversário para a zona ofensiva.
    b) visa organizar o sistema ofensivo, possibilitando aos atacantes fazer os gols.
    c) refere-se à forma como uma equipe se organiza dentro de campo.
    d) refere-se ao posicionamento do adversário quando está ganhando o jogo.
    e) acontece apenas em alguns momentos do jogo, quando a equipe adversária está perdendo.

4. Segundo as regras oficiais da CBF (2017), o tiro penal ou pênalti ocorre quando:
   a) um jogador comete falta em qualquer espaço do campo.
   b) um jogador comete uma falta passível de cartão amarelo.
   c) o jogador adversário reserva invade o campo durante a partida e agride o adversário.
   d) o adversário é expulso do campo após agredir fisicamente o adversário.
   e) um jogador comete uma infração punível com tiro livre direto dentro de sua área penal.

5. De acordo com Pivetti (2012), transação ofensiva é o momento do jogo em que:
   a) ocorre a perda de bola para a equipe adversária, devendo a equipe tentar recuperá-la imediatamente.
   b) a bola fica estática ou parada.
   c) um jogador tenta um drible.
   d) o treinador ordena a mudança do sistema tático da equipe.
   e) ocorre uma situação na qual a equipe recupera a posse de bola e inicia suas ações ofensivas.

Atividades de aprendizagem

Questões para reflexão

1. O sucesso do sistema tático de uma equipe se deve a muitas horas de treinamento. É possível uma equipe trocar de sistema tático durante uma partida? Como isso deve acontecer? O sistema tático utilizado no futebol brasileiro e mundial é o mesmo para as categorias masculina e feminina? Justifique sua resposta.

Atividades aplicadas: prática

1. Pesquise outras obras que abordem as temáticas apresentadas neste capítulo. Reúna-se com outros profissionais e troque

conhecimentos. Analise se os conceitos apresentados nesta obra estão atualizados ou se necessitam ser revistos.

2. Pesquise os cursos de regras oferecidos pelas federações e confederações de futebol. Analise de que forma as entidades explicam as recentes mudanças de regra, especialmente o uso do árbitro de vídeo (VAR).

Atividades práticas de ensino e aprendizagem do futebol/futsal

Exercícios para desenvolvimento ou aperfeiçoamento de marcação defensiva e sistema tático

1. Em uma das partes da quadra de futsal, forme duas equipes de quatro jogadores. Inclua um jogador com um colete de cor diferente, que será um coringa. Sua tarefa será ajudar a equipe com a posse de bola. Ao sinal do professor, os jogadores deverão iniciar o treinamento. Cada jogador terá uma marcação fixa predefinida, ou seja, não poderão trocar os adversários. O coringa serve como apoio das equipes, mas somente poderá dar um toque na bola. Podem ser feitas variações modificando o número de jogadores, o tamanho do espaço utilizado e o número de coringas.

Figura A – Exercício de desenvolvimento tático

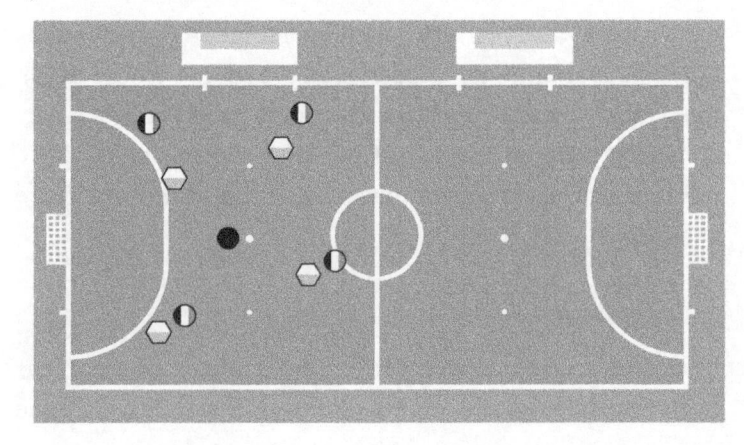

mehdi aligol/Shutterstock

2. O espaço utilizado para este exercício será um retângulo de 6 m a 8 m, demarcado por cones, na quadra e futsal (destacado na na Figura B). Quatro jogadores deverão permanecer na lateral da quadra, a fim de receber a bola dos companheiros da própria lateral ou do companheiro que estará no centro do quadrado. No centro do quadrado permanecerão dois jogadores: um irá defender/interceptar o passe dos demais jogadores da lateral e o outro fará o papel ofensivo, passando a bola para os companheiros. Em resumo: os jogadores das laterais deverão trocar passem com o auxílio do jogador azul no centro da quadra, enquanto o jogador de vermelho (conforme Figura B) deverá interceptar o passe de bola. Essa atividade tem duração de um minuto. Todos deverão trabalhar nas duas posições. Variações podem ser criadas alterando o número de jogadores em qualquer área.

Figura B – Exercício de marcação

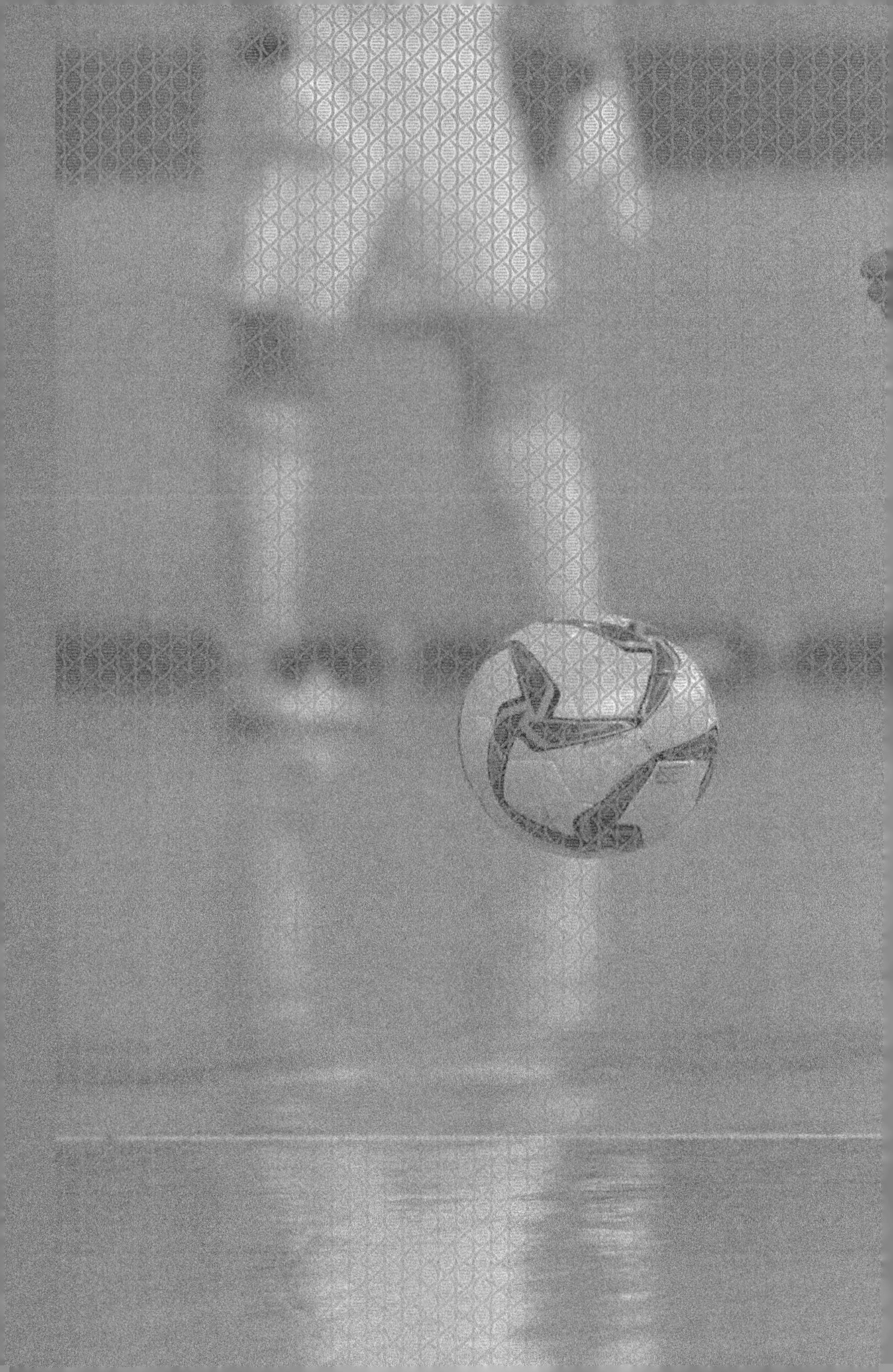

Capítulo 5

Futsal

Neste capítulo, estudaremos a história do futsal no Brasil e no mundo. Na sequência, abordaremos os fundamentos técnicos básicos da modalidade, discutiremos os sistemas de ataque e defesa mais comuns e, por fim, introduziremos suas regras.

5.1 História do futsal

O **futsal** ou **futebol de salão** é um esporte muito conhecido e praticado em escolas, praças, parques e quadras esportivas públicas e privadas do país. Exige habilidades técnicas, tomada de decisão e agilidade, motivo pelo qual é considerado o berço do futebol para os jogadores nas categorias de base. Neymar e Ronaldinho Gaúcho, por exemplo, iniciaram suas carreiras jogando nos salões.

Segundo Santana (2004), existem duas versões sobre a criação do futsal. A primeira é que o esporte começou a ser jogado em 1940, na Associação Cristã de Moços, em São Paulo. Como havia poucos campos de futebol, os praticantes começaram a usar as quadras de basquete e hóquei. A segunda versão postula que a modalidade foi criada em 1934, em Montevidéu, no Uruguai, pelo professor Juan Carlos Ceriani.

Na década de 1950, Habib Maphuz elaborou as normas e regras que fundamentam o esporte. Também fundou a primeira liga da modalidade, conhecida como Liga de Futebol de Salão da Associação Cristã de Moços. Com a expansão da prática pelo Brasil, foram fundadas ligas em outros estados, o que contribuiu para difundir o esporte (CBFS, 2019).

Em 1957, houve a primeira tentativa de criar um órgão que regulamentasse essa prática esportiva, mas a entidade não prosperou. Em 1979, uma assembleia geral aprovou a criação da Confederação Brasileira de Futebol de Salão (CBFS), que teve como primeiro presidente Aécio de Borba Vasconcelos. O futebol de salão seguiu se expandindo. Em 1969, surgiu a Confederação Sul-Americana de Futebol de Salão (CSAFS). Em 1971, foi criada a Federação Internacional de Futebol de Salão (Fifusa), formada inicialmente por países como Brasil, Argentina, Bolívia, Paraguai, Peru, Portugal e Uruguai (CBFS, 2019).

Em 1982, foi organizado o 1º Campeonato Mundial de Futebol de Salão. Três anos depois, a Espanha sediou a edição seguinte, na qual o Brasil se tornou bicampeão. O terceiro mundial, realizado na Austrália, em 1988, teve a vitória do Paraguai. No ano seguinte a Federação Internacional de Futebol (Fifa) organizou sua primeira Copa do Mundo de Futsal, vencida pelo Brasil (CBFS, 2019).

A Fifa passou então a gerir o futebol de salão no mundo. Com isso, o Brasil se desligou oficialmente da Fifusa e adotou as novas regras criadas pela Fifa, editadas com o objetivo de expandir a modalidade e inseri-la nos Jogos Olímpicos.

O Brasil possui a hegemonia dos títulos mundiais, além de ser o país que mais revela jogadores para as ligas internacionais. A partir de 1992, a Copa do Mundo de Futsal da Fifa passou a ser organizada a cada quatro anos. O Brasil é tetracampeão dessa competição.

Veja, no quadro a seguir, os campeões do mundo pela Fifa desde 1992, de acordo com a CBFS (2019).

Quadro 5.1 – Seleções de futsal campeãs mundiais pela Fifa

Ano	Campeão	Local
1992	Brasil	Hong Kong (China)
1996	Brasil	Espanha
2000	Espanha	Guatemala
2004	Espanha	Taipei (China)
2008	Brasil	Brasil
2012	Brasil	Tailândia
2016	Argentina	Colômbia

Você sabia?

O futsal ainda não é uma modalidade olímpica. Porém, já é parte dos Jogos Pan-Americanos.

A equipe brasileira de futsal feminino também é a mais vitoriosa do mundo, acumulando o pentacampeonato mundial (2010, 2011, 2012, 2013 e 2014) e o campeonato sul-americano de 2005. (CBFS, 2019). Mas, tal como ocorre com o futebol de campo, o futsal feminino tem menos visibilidade, comparado ao masculino.

5.2 Regras do futsal

O quadro a seguir apresenta as principais regras do futsal[1].

Quadro 5.2 – Regras do futsal

Equipamentos básicos	Camisa de manga curta ou longa (caso o jogador utilize camisas longas por baixo da camisa de manga curta, estas deverão ser da cor predominante das mangas da camisa) e calção curto (se utilizar *short* térmico, deve ser da mesma cor predominante do calção). O goleiro poderá usar calça de agasalho sem zíper. Os meiões devem ter por baixo uma caneleira e tênis. As costas e a frente das camisas serão numeradas de 1 a 99. Os calções também devem ser numerados em uma das pernas.
Quadra de jogo	A disputa dos jogos deverá ser realizada em superfícies lisas, livres de asperezas e não abrasivas. O piso deverá ser de madeira ou material sintético rigorosamente nivelado, sem declives ou depressões.
Medidas da quadra	A quadra tem formato retangular e em competições internacionais, conforme as regras da Fifa, deve possuir medidas de 38 m a 42 m de comprimento e 20 m a 25 m de largura.
	Em competições nacionais das categorias adulto e sub-20, a quadra de jogo deve ter no mínimo de 38 m metros de comprimento e 18 m metros de largura.
	Em competições nacionais femininas adulto, sub-20, sub-17 e sub-15 e em competições nacionais sub-15 e sub-17 masculino, o comprimento mínimo é de 36 m e a largura mínima é de 18 m.

Fonte: Elaborado com base em CBFS, 2017.

---

[1] Para conhecer na íntegra as regras do futsal, consulte CBFS (2017).

A bola utilizada no futsal deve ser esférica. O invólucro deve ser de couro macio ou de outro material aprovado. Para as categorias adultas, sub-20, sub-17 e sub-15 masculinas e femininas, a bola terá no mínimo 62 cm e no máximo 64 cm de diâmetro e pesar no mínimo 400 g e no máximo 440 g.

Figura 5.1 – Quadra do futsal

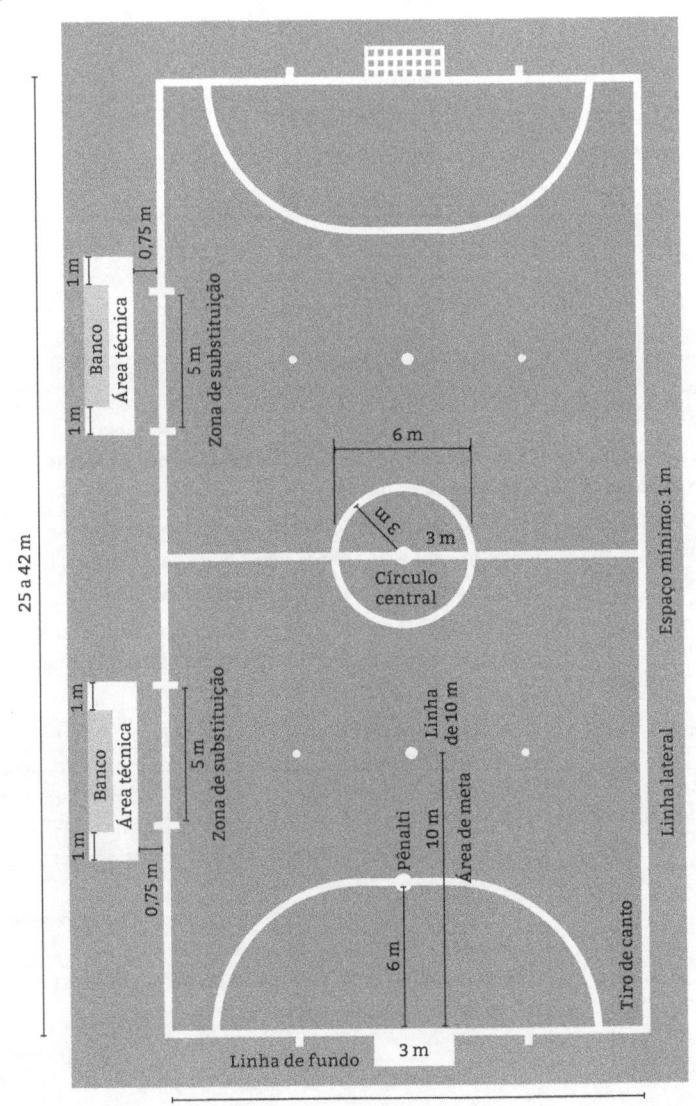

5.2.1 Duração da partida

O quadro a seguir apresenta a duração da partida de futsal, de acordo com a categoria e o gênero.

Quadro 5.3 – Duração da partida

Categoria	Gênero	Tempo total da partida	Tempo de cada período
Adulto, sub-20 e sub-17	Masculino e feminino	40 min	20 min
Sub-1, sub-13 e sub-11	Masculino e feminino	30 min	15 min

Vejamos, no quadro a seguir, definições sobre número de jogadores, substituições e substituição do goleiro.

Quadro 5.4 – Número de jogadores e substituições

Número de jogadores	A partida será disputada entre duas equipes de cinco jogadores, sendo um deles o goleiro.
	Uma partida não será iniciada nem prosseguirá se uma das equipes ficar reduzida a menos de três jogadores na quadra de jogo.
	Em competições oficiais, as equipes devem ter no máximo nove jogadores reservas, e será permitido um número indeterminado de substituições.
Substituições	As substituições poderão ser realizadas com a bola em jogo ou fora de jogo, devendo respeitar algumas condições: - o jogador deverá sair da quadra de jogo pela zona de substituição de sua equipe, salvo nos casos excepcionais previstos na regra; - o jogador substituto não poderá entrar na quadra de jogo enquanto o jogador substituído não a abandonar; - o jogador substituto entrará na quadra de jogo pela zona de substituição de sua equipe; - jogador substituído poderá voltar a participar da partida.

(continua)

(Quadro 5.4 – conclusão)

Substituição do goleiro	Qualquer jogador reserva poderá substituir o goleiro, sem a necessidade de avisar os árbitros e sem que o jogo esteja paralisado.
	Qualquer jogador de quadra poderá trocar de posição com o goleiro.

5.2.2 Zonas de substituição

As zonas de substituição devem estar na linha lateral, em frente aos bancos de reserva das equipes e da área técnica.

Figura 5.2 – Zona de substituição

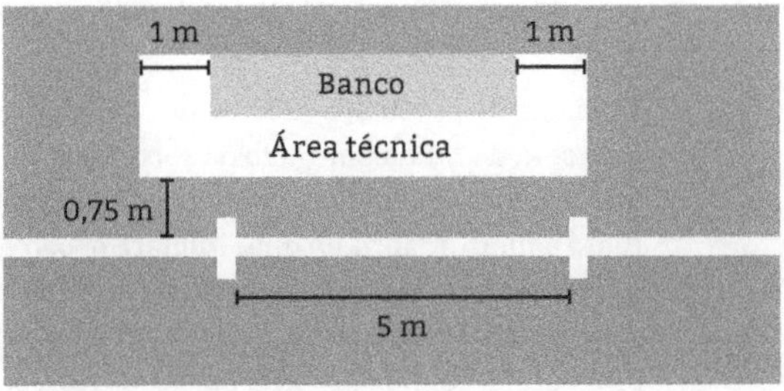

mehdi aligol/Shutterstock

Fonte: CBFS, 2017, p. 7.

Quadro 5.5 – Arbitragem

Árbitros	As partidas de futsal são controladas por 4 árbitros no total, sendo 1 principal e 1 auxiliar (dentro de quadra). O terceiro árbitro/anotador e o cronometrista exercem suas funções em uma mesa do lado de fora da quadra de jogo, próximos à linha divisória do meio da quadra, junto à zona de substituição.

(continua)

(Quadro 5.5 – continuação)

Bola em jogo e fora de jogo	A bola estará fora de jogo quando: a. atravessar completamente, quer pelo solo, quer pelo alto, as linhas laterais ou de meta; b. a partida for interrompida pelo árbitro; c. a bola bater no teto ou em equipamentos de outros desportos colocados nos limites da quadra de jogo.
	A partida será reiniciada com a cobrança de tiro lateral a favor da equipe adversária a do jogador que desferiu o chute, na direção e do lado em que a bola bateu.
	A bola estará em jogo em todas as outras ocasiões, inclusive quando: a. bater em uma das traves ou travessão e permanece dentro da quadra de jogo; b. tocar nos árbitros colocados dentro da quadra de jogo.
Bola de saída	No início da partida, a escolha de lado ou saída de bola será decidida por meio de sorteio realizado pelo árbitro principal. A equipe vencedora do sorteio escolherá a meia quadra na qual iniciará o jogo e a equipe perdedora terá o direito à bola de saída Quando o jogo tiver tempo suplementar, deverá ser feito o mesmo procedimento. Dado o sinal pelo árbitro, a partida será iniciada por um dos jogadores, que movimentará a bola com os pés em direção ao lado contrário, devendo ela estar colocada imóvel sobre o centro da quadra. A bola estará em jogo quando ultrapassar inteiramente a linha de meia quadra.
Arremesso de meta	O arremesso de meta no futsal deve ser cobrado exclusivamente pelo goleiro, usando as mãos, dentro de sua área de gol e em até 4 segundos.
Tiro lateral	O tiro lateral no futsal é cobrado com os pés. A bola deve ser colocada sobre a linha ou até 25 cm fora da quadra e o jogador que cobrar o tiro lateral não pode estar com os pés dentro da quadra. A cobrança deve ser feita em até 4 segundos. Não é permitido gol direto de tiro lateral.
Tiro de canto	O tiro de canto/escanteio no futsal é cobrado com a bola no quarto de círculo, com os pés, em até 4 segundos.

(Quadro 5.5 – conclusão)

Tiro penal	Será concedido um tiro penal contra a equipe que cometer uma das infrações sancionadas com um tiro livre direto dentro de sua área penal, quando a bola está em jogo. Poderá ser marcado um gol diretamente de tiro penal.
	A bola deverá ser colocada no ponto penal e o executor do tiro penal precisa ser identificado.
	O goleiro defensor deverá estar sobre a linha de meta, de frente para o executor do tiro e entre os postes de meta até que a bola esteja em jogo. Poderá movimentar-se lateralmente. Depois de todos estarem posicionados corretamente, o árbitro que estiver mais recuado autoriza a execução do tiro penal. O executor do tiro penal deve chutar para a frente.

5.3 Conceitos elementares do futsal

De que forma podemos descrever o futsal? Conforme Andrade (2017, p. 79), "O futsal é um jogo característico de ataque, defesa e transições. São momentos distintos, mas que se complementam à medida que as ações se desenvolvem e interferem umas nas outras".

O time é composto por cinco integrantes. Há um goleiro, um fixo, um ala-esquerdo, um ala-direito e um pivô.

Figura 5.3 – Jogadores de futsal em quadra

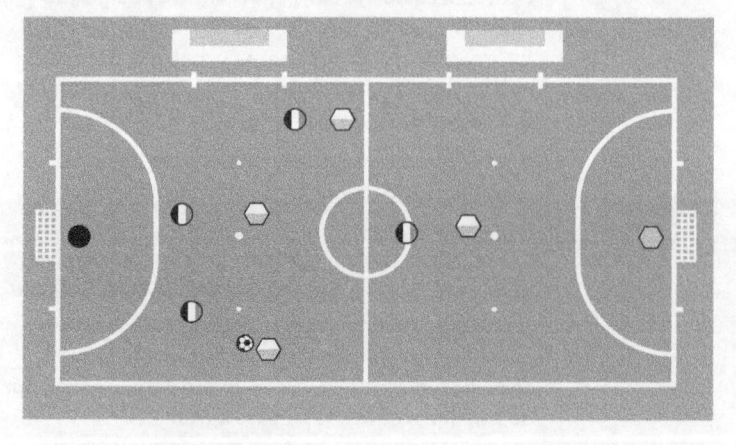

O futsal é um jogo de alta velocidade, que exige decisões rápidas e movimentações precisas no ataque e na defesa. O espaço reduzido, em relação ao futebol de campo, é um dos principais fatores para essa dinâmica de jogo. A quadra tem 40 m de extensão por 20 m de largura. Também devemos considerar o número de jogadores, o tempo cronometrado e as regras, criadas para proporcionar um esporte veloz e tecnicamente sofisticado.

Uma característica marcante é a batalha contínua de ataque contra defesa. As transições entre um e outro costumam ser muito rápidas. Há grande movimentação lateral em frente à área. A marcação é firme e ágil. Qualquer falha milimétrica proporcionará ao time que ataca a possibilidade de concluir a gol.

Figura 5.4 – Dinâmica do futsal

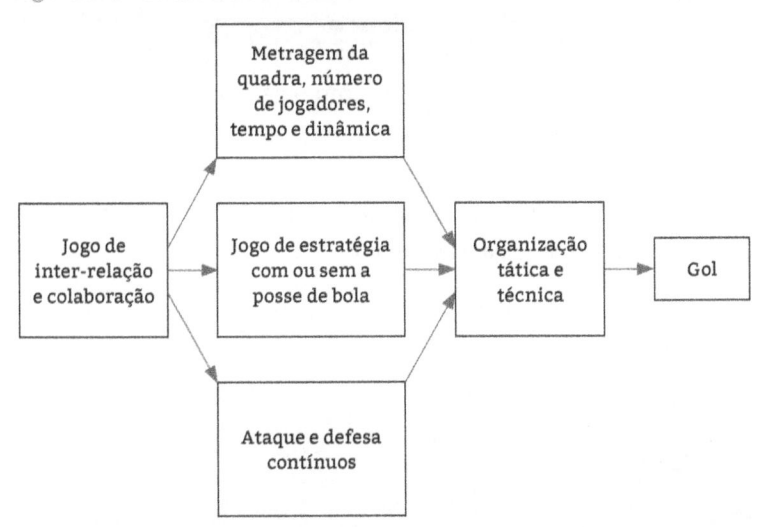

```
                    ┌──────────────┐
                    │ Metragem da  │
                    │ quadra, número│
                    │ de jogadores,│
                    │ tempo e dinâmica│
                    └──────────────┘
                           │
                           ▼
┌────────────┐   ┌──────────────┐   ┌────────────┐   ┌─────┐
│ Jogo de    │──▶│ Jogo de estratégia│──▶│ Organização│──▶│ Gol │
│ inter-relação│   │ com ou sem a │   │ tática e   │   └─────┘
│ e colaboração│   │ posse de bola│   │ técnica    │
└────────────┘   └──────────────┘   └────────────┘
                           │
                           ▼
                    ┌──────────────┐
                    │ Ataque e defesa│
                    │ contínuos    │
                    └──────────────┘
```

O futsal é uma modalidade em crescimento. As regras mudam com mais frequência, buscando conquistar novos públicos. Por isso, o profissional do esporte deve sempre acompanhar as alterações na regra e as inovações táticas. Cada ano traz novidades. Quem deseja trabalhar na área, seja como técnico, instrutor ou preparador, deve ser um estudante dedicado, sempre com vontade de aprender.

5.4 Fundamentos técnicos aplicados ao futsal

O futsal tem diversas particulares em relação ao futebol de campo, como o piso duro, o calçado de solado reto, sem travas, e uma bola menor e mais pesada. Vejamos, a seguir, as características de cada um desses fundamentos.

5.4.1 Passe

Este fundamento pode ser realizado com a parte interna ou externa, o peito ou o bico do pé, com o calcanhar ou a coxa, ou ainda com a cabeça, o peito ou o ombro. De acordo com Voser (2014, p. 46), o passe é "a maneira mais rápida de desenvolver uma ação ofensiva, com um gasto menor de energia para mover a bola do sistema defensivo para o ofensivo".

Figura 5.5 – Fundamento de passe

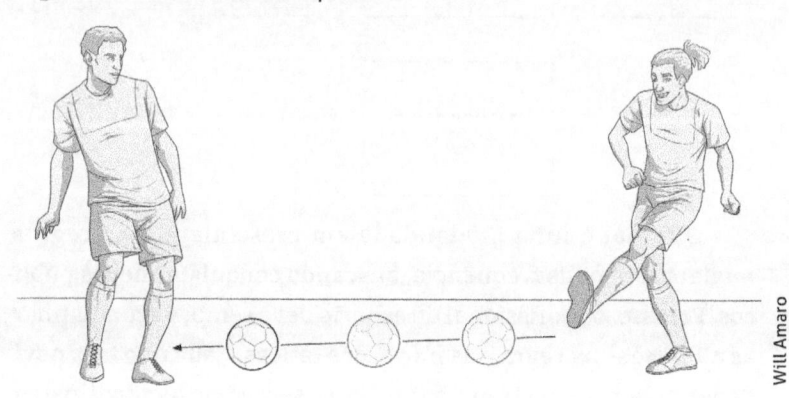

Em relação à trajetória, o passe pode ser rasteiro, meia altura, parabólico ou de lançamento.

> O jogador que for realizar o passe possui algumas características, como estar com a cabeça erguida no momento do passe; os braços devem estar afastados para possibilitar o equilíbrio do jogador; uma das pernas deve estar apoiada ao chão, enquanto a outra será alavancada para gerar uma força que será aplicada na bola. (Voser, 2014, p. 88)

O fundamento de passe é um dos mais utilizados no jogo e, por mais simples que pareça, é complexo quando realizado em velocidade, com marcação e o objetivo de fazer um gol.

5.4.2 Recepção e controle de bola

A recepção é um dos fundamentos mais importantes no futsal, pois exige técnica e muito treinamento, sobretudo na fase inicial de preparação atlética.

O controle de bola acontece quando o jogador recebe a bola e a ajeita para executar uma nova ação. Segundo Voser (2014), o controle de bola pode ser:

- **rasteiro** – realizado com a face interna, externa ou a sola do pé;
- **meia altura** – com a face interna e externa do pé e parte frontal da coxa;
- **parabólico** – com a cabeça, o peito, a coxa, o dorso dos pés e a sola do pé;
- **alto** – com a cabeça e o peito.

Figura 5.6 – Fundamento de recepção e controle de bola

Will Amaro

5.4.3 Condução de bola

A condução de bola consiste na ação de andar ou correr com a bola próxima ao corpo e a cabeça erguida (Voser, 2014, p. 87).

Figura 5.7 – Fundamento de condução de bola

A condução de bola pode ser:

- no campo de defesa ou ataque;
- lenta ou em velocidade;
- no chão ou no alto;
- retilínea ou sinuosa;
- com a face interna, externa e a sola do pé.

Embora esse fundamento pareça fácil, requer muito treinamento e aperfeiçoamento, pois precisa ser realizado em velocidade, com diversos tipos de deslocamento e com o adversário à frente.

5.4.4 Drible ou finta

O drible é uma ação individual para ultrapassar, com a bola, a marcação adversária. Sua execução exige um misto de velocidade, agilidade, controle, condução e improviso.

O drible ou finta pode ser:

- ofensivo, em direção à meta do adversário;
- defensivo, quando o objetivo é somente manter a posse de bola;
- simples, complexo ou clássico;
- pelo chão, entre as pernas do adversário, por cima, com giro e com elástico, entre outras técnicas.

Figura 5.8 – Fundamento de drible ou finta

Will Amaro

Para executar o drible ou finta, é necessário muito treinamento desde a fase de iniciação, e aprimoramento durante toda a carreira:

> Este fundamento é um dos mais difíceis de executar do futsal e deve ser desenvolvido na fase inicial de formação de um jogador, haja vista que o jogador deve ter o domínio da bola, equilíbrio, coordenação motora, noção de espaço e velocidade na hora de executar. No caso da finta, ela é realizada sem a bola, com os pés, com as pernas, com o tronco, os braços e até com os olhos. (Voser, 2014, p. 93)

Devido aos espaços curtos do futsal, o drible é muito rápido e plástico. Por isso, é sempre um lance que enche os olhos da torcida.

Dribladores excepcionais, como o brasileiro Falcão, encantam os entusiastas do esporte com a capacidade de seguir criando novas e inusitadas formas de driblar ao longo da carreira, surpreendendo adversários e torcida.

5.4.5 Chute ao gol

O fundamento do chute a gol consiste em uma impulsão técnica dada na bola com os pés, com o objetivo de atingir a meta do adversário. Para executar o chute, é necessário cumprir algumas exigências técnicas, como permanecer com a perna de apoio próxima à bola e o joelho levemente flexionado. O tronco deve estar ligeiramente inclinado, e o jogador deve abrir os braços para se equilibrar no momento do chute. A perna do chute deve iniciar o movimento atrás do corpo, estendida e com o movimento do pé predefinido. A bola pode ser atingida com a parte interna, externa ou o bico do pé, embora o chute com a parte interna seja o mais utilizado. Uma batida forte exige velocidade e capacidade muscular. Devido à dimensão menor do gol, o chute precisa ser bem direcionado, pois o espaço aberto é sempre muito estreito.

Os chutes podem ser classificados em *rasteiro*, *meia altura*, *parabólico*, *alto* e *lançamento*. Também podemos subdividi-los nos seguintes tipos, apontando as partes do pé usadas na execução:

- **Simples**: com o bico, o dorso ou a parte interna do pé;
- **Bate-pronto**: com o dorso ou as partes interna e externa do pé;
- **Voleio**: quando o jogador realiza um meio-giro para melhor posicionar o corpo antes de atingir a bola;
- **Cobertura**: com o peito do pé.

Figura 5.9 – Fundamento de chute ao gol

Will Amaro

5.4.6 Marcação

A maioria dos treinadores entende que, no futebol de salão, a marcação é uma ação individual e coletiva ao mesmo tempo. Primeiramente, é necessário treinar os atletas individualmente, para que incorporem os fundamentos. Em seguida, eles devem ser inseridos no sistema de marcação do time, aprendendo a se movimentar em função dos colegas. Existem quatro momentos de marcação:

1. **Aproximação do jogador ao adversário que conduz a bola.** Exige equilíbrio e monitoramento da ação, com o intuito de cercar e diminuir o espaço.
2. **Abordagem ou roubo da bola.** O jogador deve ter equilíbrio e paciência para desestabilizar o oponente e ter sucesso na abordagem.
3. **Antecipação.** O jogador que está marcando antecipa a frente do jogador adversário e recupera a bola para sua equipe.

4. **Cobertura**. O jogador que está sem a bola auxilia o companheiro que está próximo à abordagem, duplicando a marcação.

Figura 5.10 – Fundamento de marcação

5.4.7 Cabeceio

O cabeceio consiste no ato de golpear a bola com a cabeça, de preferência com a testa. Pode ser executado com os dois pés no chão ou com impulsão, saltando para golpear a bola no ar. A execução do cabeceio pode ser frontal, lateral, lenta, forte, baixa, quicada, alta e com ou sem impulsão. O lance, utilizado no ataque ou na defesa, requer muito treinamento.

Existem inúmeros métodos de aprendizagem dos fundamentos dessa modalidade. Cabe ao professor desenvolver sua metodologia para cada exercício, variando-os e dinamizando-os. O fundamental é aplicar os exercícios respeitando a faixa etária, a autonomia dos alunos e o tempo de assimilação das informações.

Figura 5.11 – Fundamento de cabeceio

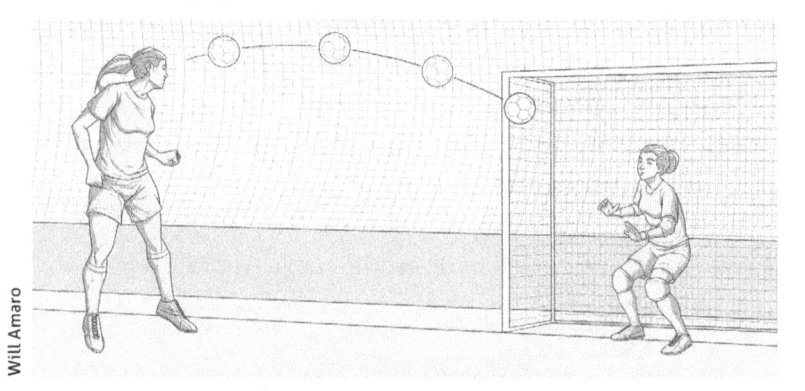

5.5 Sistemas táticos ofensivos no futsal

O futsal apresenta características simultâneas de ataque e defesa, executadas em velocidade. De acordo com Andrade (2017, p. 21), o jogo é movido por sistemas de ataque, sistemas de defesa, transições ataque–defesa e defesa–ataque, contra-ataque e bolas paradas, também conhecidas como *jogadas ensaiadas*. Essas peculiaridades fazem dele um jogo complexo, com inúmeras possibilidades de acertos e erros, exigindo do jogador treinamento intenso, capacidade de adaptação e inteligência tática.

Andrade (2017, p. 22) afirma que o sistema ofensivo é "determinado pela posse de bola, ação positiva do jogo que visa especificamente a obtenção do gol". Já o sistema defensivo é "determinado pela luta para obtenção da bola, ação negativa do jogo que visa a anulação da iniciativa do adversário". As transições de defesa-ataque e ataque-defesa são entendidas como ações imediatas após a recuperação ou perda da posse de bola, considerados pontos chave no jogo. A equipe tem poucos segundos para, coletivamente, adotar a melhor estratégia de transição.

O **contra-ataque** é determinado pelas ações ofensivas pós-recuperação da posse de bola. Exige a formação de posicionamentos ofensivos bem entrosados, seguidos de rápida conclusão da ação.

As **bolas paradas** ou **jogadas ensaiadas** são formadas pelos tiros de meta, de canto e pelas cobranças de falta, por meio dos quais os jogadores se posicionam previamente com o intuito de fazer ou impedir o gol (Andrade, 2017).

Os principais elementos táticos e técnicos desse esporte podem ser esquematizados de acordo com a figura a seguir.

Figura 5.12 – Organização do futsal

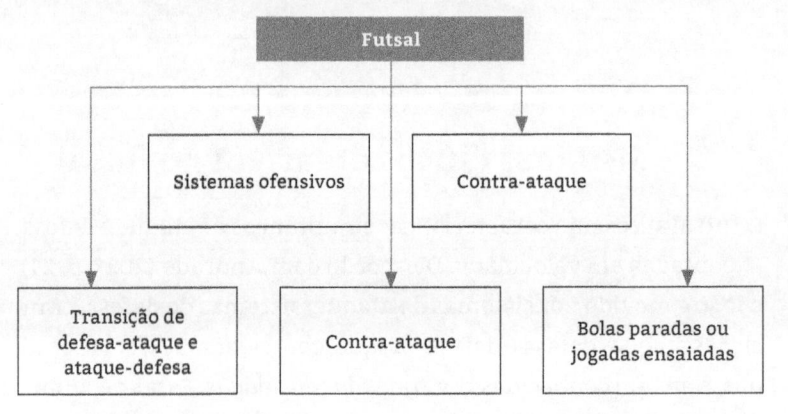

```
                        Futsal
          ┌───────────────┼───────────────┐
   Sistemas ofensivos              Contra-ataque
          │                               │
   ┌──────┼──────┐                        │
Transição de   Contra-ataque      Bolas paradas ou
defesa-ataque e                    jogadas ensaiadas
ataque-defesa
```

A palavra *sistema* refere-se à "maneira de distribuir os jogadores na quadra, ou simplesmente o posicionamento dos jogadores" (Voser, 2014, p. 115). O termo *tático* faz alusão às "movimentações dos jogadores dentro de um determinado sistema" (Voser, 2014, p. 115). Vejamos os principais sistemas táticos do futsal e suas implicações durante o jogo.

5.5.1 Sistema tático 2-2

O sistema tático 2-2 é considerado o pioneiro da modalidade. Adotado por volta de 1950, é o mais simples, consistindo em dois jogadores no ataque e dois na defesa. É bastante utilizado em escolas ou categorias de base, pois não necessita de tantas combinações e deslocamentos para a bola sair do sistema defensivo.

Essa formação pode ser facilmente modificada para o sistema 3-1. Dessa forma, um único jogador permanece à frente da equipe, tornando-se um pivô. Ele joga de costas para o gol adversário, servindo como escora da bola aos que vêm de trás para chutar a gol. Quando as equipes estão em vantagem, utilizam esse sistema para trocar passes e gastar o cronômetro.

Figura 5.13 – Sistema tático 2-2

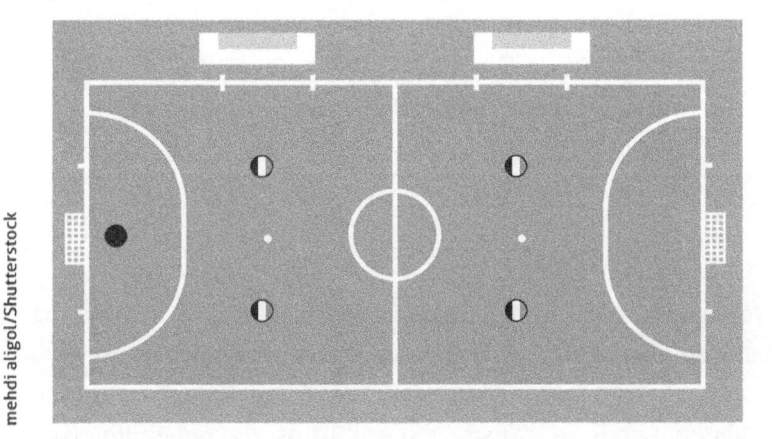

5.5.2 Sistema tático 1-2-1

O sistema tático 1-2-1 pode ser facilmente confundido com o 3-1; basta que os alas desçam na linha lateral do fixo (último jogador antes do goleiro). Perceba, na figura a seguir, que três linhas formam o sistema. A primeira é a do fixo, o último defensor antes do goleiro. A segunda linha é formada pelos dois alas, cuja função é atacar e defender. A terceira e última linha é a do pivô, cuja função é prender a bola no ataque e esperar que os companheiros se aproximem.

Esse sistema é considerado ultrapassado. No futsal atual, todos os jogadores variam constantemente de posicionamento.

Figura 5.16 – Sistema tático 1-2-1

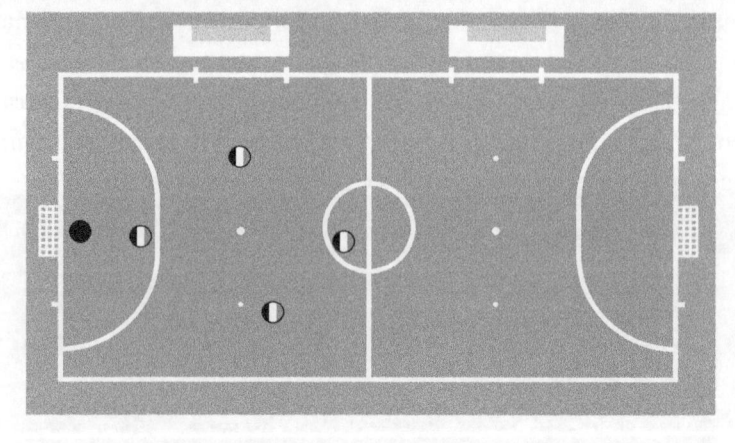

5.5.3 Sistema tático 2-1-1

No sistema tático 2-1-1, dois jogadores formam a primeira linha, base defensiva e armadora da equipe, um jogador representa a segunda linha e o quarto integrante é o pivô, mais avançado. O sistema pode se transformar em 3-1 ou 2-2, dependendo da movimentação dos jogadores.

Figura 5.15 – Sistema tático 2-1-1

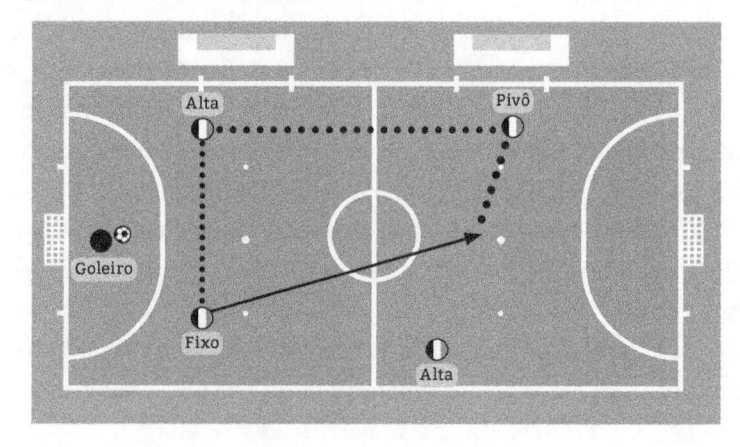

5.5.4 Sistema tático 3-1

O sistema tático mais conhecido e utilizado no futsal é o 3-1. As variações são inúmeras durante o jogo, possibilitando várias jogadas ensaiadas. Para atuar nesse sistema, é necessário que todos os jogadores estejam bem preparados fisicamente, pois exige movimentação intensa.

O pivô pode se movimentar nos mais variados espaços, como frontal ou lateral. Seu posicionamento tende a atrair a marcação do fixo adversário, abrindo espaços para que outros jogadores entrem na quadra ofensiva. É um sistema que favorece o contra-ataque e facilita o preenchimento dos espaços na quadra, mas que pode sobrecarregar o jogador fixo ou o pivô.

Figura 5.16 – Sistema tático 3-1

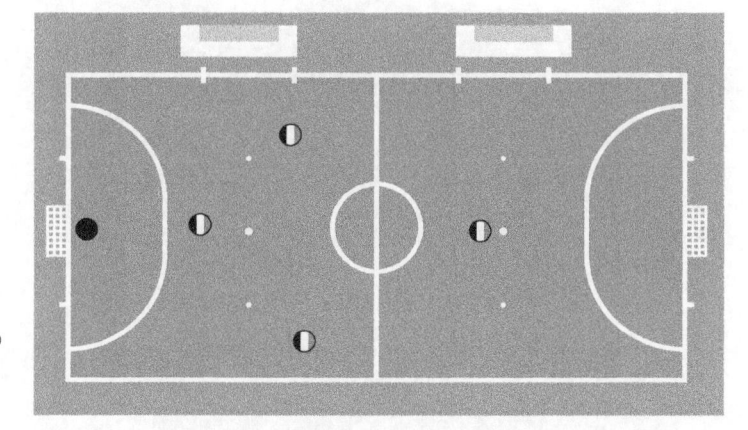

5.5.5 Sistema tático 1-3

O sistema tático 1-3 é considerado bastante arriscado e geralmente é utilizado apenas quando as equipes estão perdendo e resta pouco tempo para uma reação. Tal como na figura a seguir, o esquema é formado por três jogadores na zona ofensiva, próximo ao gol adversário. Instruídos pelo treinador, os jogadores tentarão jogadas individuais. Trata-se de uma estratégia de "tudo ou nada", pois permite contra-ataques que podem ser fatais.

Figura 5.17 – Sistema tático 1-3

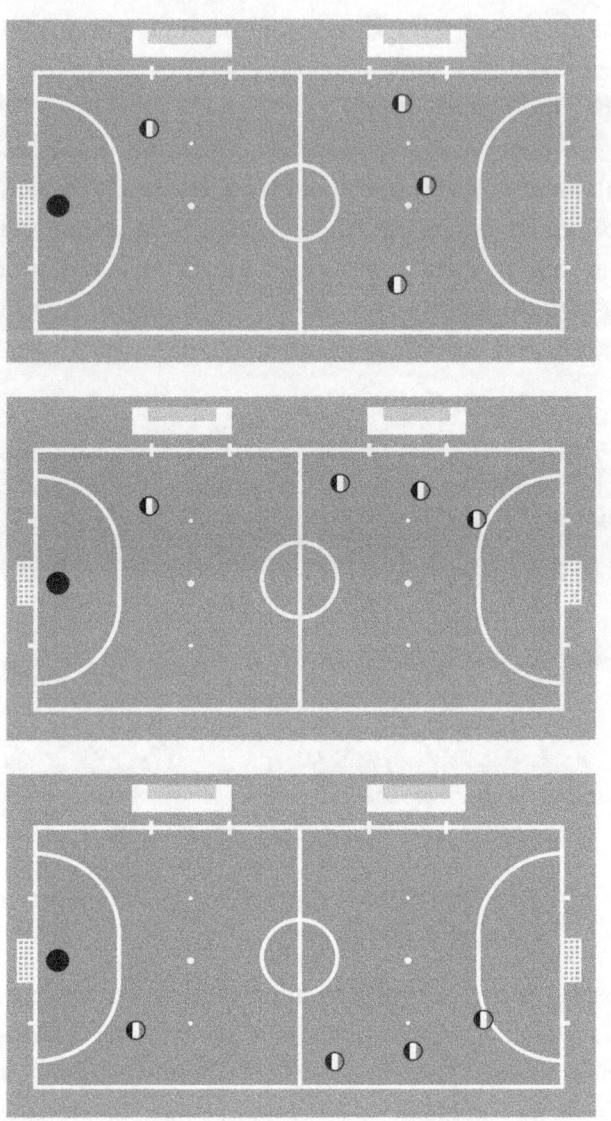

mehdi aligol/Shutterstock

5.5.6 Sistema tático 4-0

Um dos mais modernos sistemas táticos do futsal, o 4-0 é bastante dinâmico e exige que cada jogador desempenhe diversos papéis na quadra. Na figura a seguir, os quatro jogadores estão na mesma linha. Não há um pivô de referência. Para funcionar, o esquema exige uma equipe polivalente, que conheça todas as funções e técnicas do jogo. Também deve ter excelente preparação física, pois as constantes mudanças geram grande desgaste.

O objetivo é usar improviso e velocidade para surpreender o adversário, facilitando o deslocamento e a infiltração dos jogadores.

Figura 5.18 – Sistema tático 4-0 no ataque

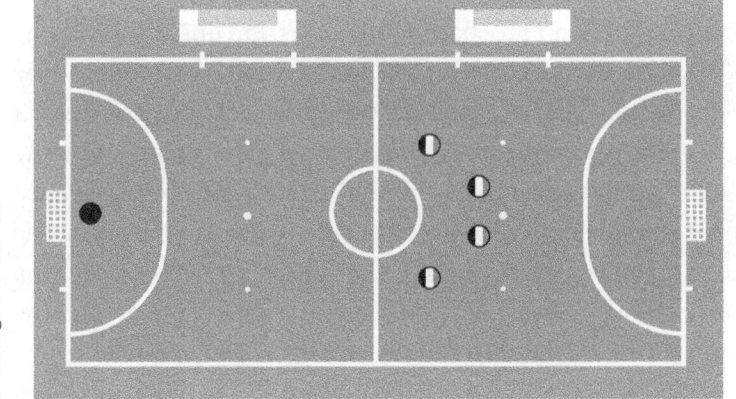

5.5.7 Sistema tático com o auxílio do goleiro linha

O sistema tático com o auxílio do goleiro linha é utilizado:

- quando uma das equipes está atrás no placar;
- quando as equipes estão empatadas e uma delas necessita vencer a partida;

- quando a defesa adversária é muito entrosada e não favorece a entrada ofensiva. Em caso de placar favorável, a equipe o utiliza para manter a posse de bola;
- para acabar com a superioridade da equipe adversária.

Nessas situações, os sistemas mais utilizados são o 2-1-2 e o 1-2-2. São considerados os mais básicos do futsal brasileiro, porém, quando realizados em velocidade e movimentação, se tornam bastante complexos.

5.6 Sistemas táticos defensivos no futsal

Os sistemas defensivos são muito importantes para o futsal. Não somente pela óbvia razão de evitar o gol do adversário, mas também para alimentar as jogadas ofensivas. Em um jogo rápido, de espaços curtos, a defesa precisa ser especialista em fazer duas funções ao mesmo tempo: defender e armar. As principais situações ofensivas ocorrem, principalmente, por causa de erros no contra-ataque adversário, quando existe um "processo subsequente à recuperação da posse de bola, ação essa interligada ao ato de defender com precisão" (Andrade, 2017, p. 83). Ou seja, um bom sistema defensivo força os adversários a cometer erros no contra-ataque, quando a defesa deles está desprotegida.

Vimos que, com a evolução do esporte, os defensores passaram a atacar. Hoje, já não existe a figura do defensor ou atacante estáticos. O atleta profissional precisa saber jogar em todas as funções e realizar várias funções táticas. A versatilidade dos atletas é fruto do desenvolvimento técnico e tático do esporte, de uma preparação física de alto nível e do trabalho realizado por profissionais interdisciplinares, que ingressaram no futsal nas últimas décadas. Os treinamentos se tornaram cada vez mais táticos, técnicos e intensos, numa corrida para atingir padrões de competitividade cada vez mais altos.

Nos sistemas táticos defensivos, há três tipos de marcação: individual, em zona e mista. Andrade (2010, p. 83) observa que a marcação apresenta aspectos como:

- *Recuperação da posse de bola – disponibilizar recursos táticos com objetivos de obter (recuperar) a posse de bola.*
- *Recursos táticos como sistemas de marcação coletiva e individual, delimitações dos setores de marcação (linhas e zonas), com a utilização de vantagem e também em desvantagens numéricas (gol linha e expulsões), ações voluntárias e involuntárias de acordo com circunstâncias do jogo (em vantagem e em desvantagem no placar).*

Vamos compreender melhor cada uma dessas marcações. A **marcação individual** é a base das demais marcações. Ela começa a ser ensinada na iniciação esportiva, desenvolvendo as noções que depois serão utilizadas nos outros tipos de marcação. O fundamento consiste em marcar diretamente um adversário. É utilizado, principalmente, quando o jogador está muito próximo do adversário. Também é possível marcar a certa distância, mantendo a atenção no posicionamento do oponente. Isso depende, no entanto, da estratégia tática adotada pelo treinador.

Quando uma equipe está perdendo, o técnico geralmente instrui sua equipe a marcar sob pressão, o que aumenta a chance de recuperar a bola. No entanto, os riscos são grandes caso algum dos jogadores não execute sua função de maneira eficiente.

Quadro 5.6 – Vantagens e desvantagens da marcação individual

Vantagens	Desvantagens
• O adversário tem dificuldade em chutar de longa distância. • O adversário terá menos opções de posse de bola. • O adversário será forçado ao erro com mais frequência. • O adversário terá maior desgaste físico. • Maior movimentação de todos os jogadores em quadra.	• O jogador deve dispensar atenção constante ao adversário. • Buracos podem surgir com mais facilidade na quadra. • Maior desgaste físico dos defensores. • Caso o adversário drible um dos marcadores, a equipe que está na marcação ficará em desvantagem.

A **marcação por zona** é muito utilizada pelos treinadores por ser menos exigente fisicamente. Um jogador é responsável por apenas uma zona; quando o adversário entra nela, é o responsável por marcá-lo. Dessa forma, não precisa percorrer a quadra toda atrás de um único adversário. Além disso, o marcador por zona consegue ter uma visão mais ampla do jogo, pois não precisa ficar o tempo todo focado em um único adversário.

Quadro 5.7 – Vantagens e desvantagens da marcação por zona

Vantagens	Desvantagens
• Menor desgaste físico dos atletas. • Possibilita a cobertura dos companheiros em caso de drible. • Possibilita o contra-ataque. • Cobertura maior dos espaços da quadra.	• Todos os jogadores devem manter a atenção na sua zona. • Mais chance de chutes a longa distância. • Os jogadores devem estar constantemente se comunicando para evitar erros.

A **marcação mista** é uma mistura das marcações individual e por zona. Geralmente, os treinadores distribuem o tipo de marcação de acordo com o setor da quadra. Quando o adversário ainda está no campo defensivo, a marcação é por zona. Ao entrar no setor de ataque, contudo, a defesa pressiona com a individual. Observe, na figura a seguir, as linhas de marcação.

Figura 5.19 – Linhas de marcação

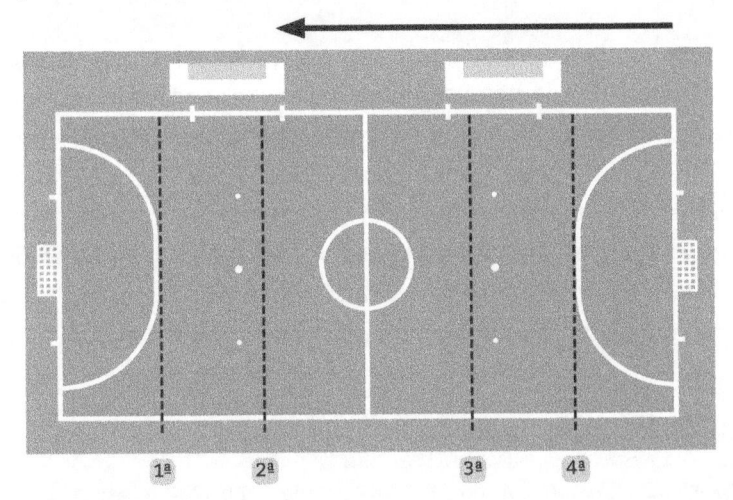

1ª **Linha de pressão**: Os defensores adversários estão dentro da quadra ofensiva, bloqueando constantemente a saída de bola.

2ª **Linha de meio de pressão**: Os jogadores da equipe adversária estão bloqueando parcialmente a saída de bola, mas ainda existe espaço para a saída.

3ª **Linha de defensiva em meia quadra**: Os jogadores estão aguardando a chegada da equipe adversária, próximos à meia quadra.

4ª **Linha recuada**: Todos os defensivos aguardam a chegada da equipe adversária atrás da linha de meia quadra.

O treinador precisa saber identificar qual é melhor sistema defensivo para cada momento do jogo. A equipe, por sua vez, precisa de treinamento individual e coletivo, leitura de jogo e organização tática. Andrade (2010, p. 79) compara o futsal a um jogo de xadrez: "Movimente uma peça errada e veja o que poderá acontecer".

▌ Síntese

Neste capítulo, nos dedicamos a compreender as particularidades do futsal. Abordamos a criação e expansão da modalidade, suas características principais e os campeonatos mais importantes.

Analisamos os fundamentos técnicos e os sistemas táticos ofensivos e defensivos, buscando diferenciar seus pontos positivos e negativos. Apresentamos os tipos de marcação e orientações básicas sobre os momentos em que cada uma deve ser utilizada. Por fim, listamos as principais regras que regem a modalidade.

▌ Indicação cultural

SANTOS FILHO, J. L. A. dos; PIÇARRO, I. da C. **Futebol e futsal**: a especialidade e modernidade do treinamento para homens e mulheres. São Paulo: Phorte, 2012.

Nesse livro, os autores apresentam as noções básicas do treinamento de futsal, desde a iniciação até a etapa de alto rendimento. A obra aborda aspectos de desenvolvimento técnico e tático, além de apontar os diferentes contextos de treinamento em que são aplicados os exercícios.

▌ Atividades de autoavaliação

1. No futsal, a marcação individual:
    a) possibilita que a equipe se posicione adequadamente na quadra, pois ela acontece apenas coletivamente, com a ajuda de todos os atletas.
    b) ocorre quando dois defensores passam a marcar o adversário sob pressão, após a meia quadra.
    c) é realizada única e exclusivamente no jogador mais habilidoso da equipe adversária.

d) ocorre quando um atleta marca diretamente um adversário, podendo ser sob pressão, com contato corporal, ou apenas com contato visual.

e) não é utilizada em momento algum do jogo, pois é extremamente desgastante para os atletas.

2. A duração de uma partida de futsal para as categorias sub-11, sub-13 e sub- 15 é de:
   a) 20 minutos, divididos em 2 tempos de 10.
   b) 40 minutos, divididos em 2 tempos de 20.
   c) 50 minutos, divididos em 2 tempos de 25.
   d) 60 minutos, divididos em 2 tempos de 30.
   e) 30 minutos, divididos em 2 tempos de 15.

3. Em um jogo oficial de futsal, há:
   a) 4 jogadores titulares e 10 na reserva.
   b) 5 jogadores titulares e 8 na reserva.
   c) 5 jogadores titulares e 9 na reserva.
   d) 7 jogadores titulares e 5 na reserva.
   e) 5 jogadores titulares e 7 na reserva.

4. De acordo com as regras oficiais de futsal, um jogador é punido com cartão vermelho quando:
   a) sair de campo sem autorização do árbitro.
   b) cometer uma falta leve.
   c) comemorar um gol pulando no alambrado do ginásio.
   d) agredir outro jogador.
   e) recusar-se a sair do jogo.

5. Indique a alternativa que corresponde aos fundamentos básicos para os jogadores de futsal:

   a) Arremesso, drible, cabeceio e passe.
   b) Passe, drible, condução de bola, recepção de bola, cabeceio, marcação e chute a gol.
   c) Passe quicado, finta, condução de bola, recepção de bola e chute a gol.
   d) Manuseio de bola com as mãos, chute ao gol, domínio de bola e cabeceio.
   e) Tiro de meta, marcação ofensiva e defensiva, transição e contra-ataque.

Atividades de aprendizagem

Questão para reflexão

1. Os sistemas táticos defensivos têm três tipos de marcação: individual, em zona e mista. Que tipo de marcação você ensinaria para uma turma de iniciação do futsal com alunos de 7 e 8 anos? Em sua opinião, nessa idade seria possível ensinar marcação mista?

Atividade aplicada: prática

1. O futsal é um dos esportes mais praticados nas escolas. Se você passear pela sua cidade, vai perceber que existem inúmeras quadras de futsal em praças, parques públicos, clubes e até em condomínios residenciais. Analise se esses espaços são utilizados pela população brasileira, quem é o público que os frequenta e sua idade. Verifique se as mulheres também praticam a modalidade na sua região, e qual a proporção de praticantes do sexo feminino em relação aos homens.

Atividades práticas de ensino e aprendizagem de futsal

Público: Alunos a partir de 12 anos.

Objetivo: Melhorar a movimentação dos variados sistemas de jogo.

Tema: Futsal.

Subtema: Movimentações variadas.

Material: Bolas de futsal e coletes.

Início da aula: Reúna os participantes e apresente as atividades que serão praticadas na aula. Em seguida, realize um aquecimento, propondo que cada aluno conduza a bola entre as duas linhas laterais da quadra de futsal.

Desenvolvimento: Divida os alunos em duas equipes, mesmo se ultrapassar quantidade oficial de jogadores. Utilize as regras oficiais do futsal. Cinco jogadores devem entrar na quadra jogando em cada equipe. Os demais serão reservas. Defina o posicionamento de cada um dos participantes que iniciam a partida. Após o início da partida, aguarde um minuto e substitua um dos jogadores. O aluno que entrou deve ocupar a posição do que foi substituído. O objetivo é que todos os participantes joguem em diferentes posicionamentos e contribuam com a equipe.

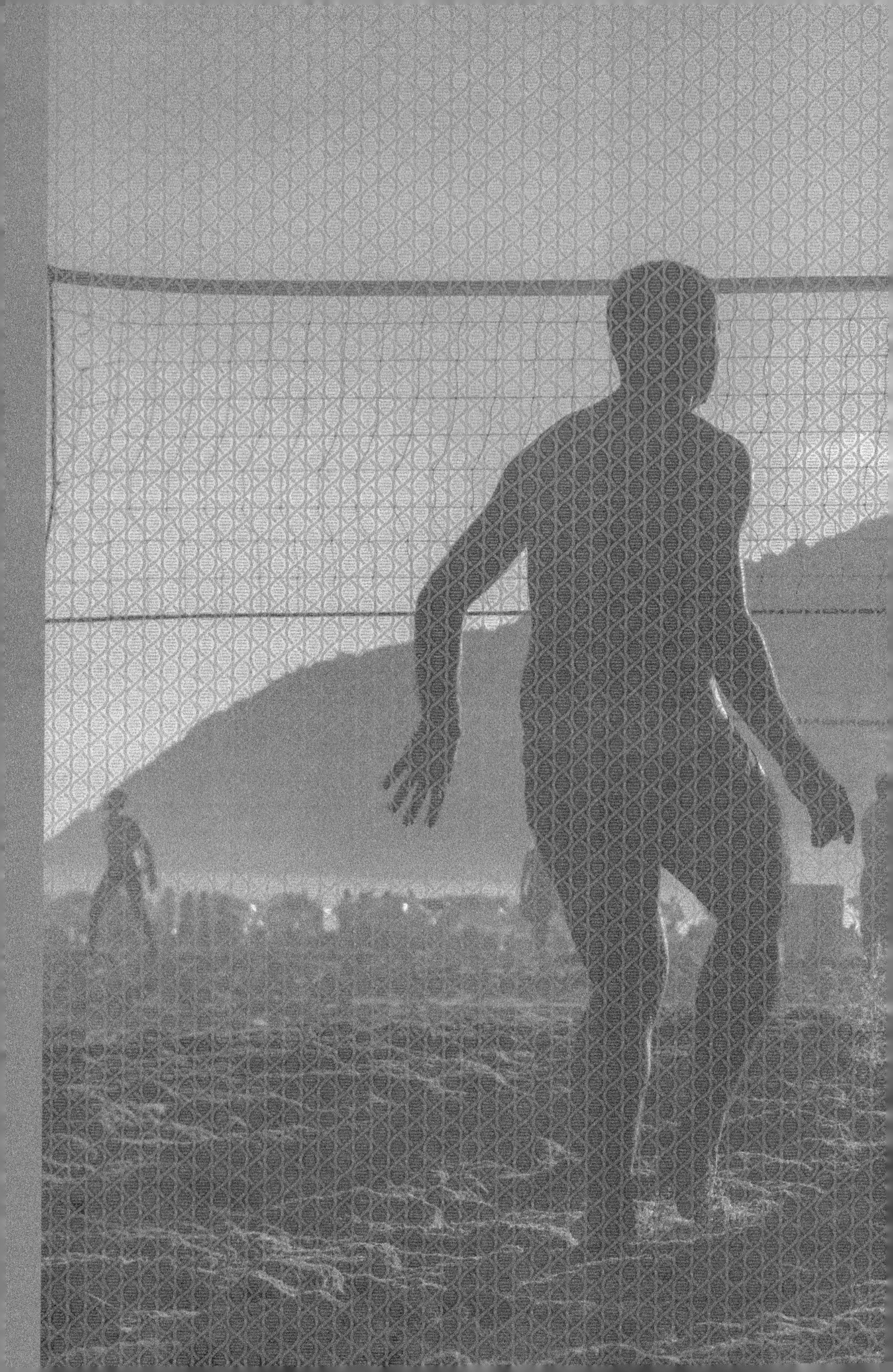

Capítulo 6

Modalidades do futebol

No último capítulo deste livro, apresentaremos outras variantes do futebol, como futebol *society*, futebol de areia (também conhecido como *beach soccer*), futebol de cinco (modalidade paralímpica), futebol adaptado, futevôlei e *showbol*.

Vamos contextualizar o surgimento de cada modalidade, suas principais características e regras básicas. Devemos salientar que entramos em um território ainda em construção. A maioria dessas modalidades é relativamente recente. Há pouca bibliografia específica, as entidades, em sua maioria, ainda buscam representatividade e as regras estão em vias de consolidação, sendo modificadas com relativa frequência.

6.1 Futebol *society*

Atualmente, o *society* é uma das modalidades associadas ao futebol mais praticadas no Brasil. A dimensão da quadra, a cobertura do campo e a qualidade do piso fazem dessa modalidade a preferida para a recreação entre amigos. Devido à proliferação desse tipo de quadra, as escolas de iniciação esportiva têm as utilizado para ministrar treinamentos.

O futebol sintético é relativamente novo no Brasil. A seguir, apresentaremos a história da prática, as principais regras e os fundamentos técnicos e táticos, bastante associados ao futebol de campo.

6.1.1 História do futebol *society*

A prática dessa modalidade teve início em 1950, no Rio de Janeiro. Um grupo adaptou as regras do futebol para jogar nos fundos de casarões de bairros nobres da então capital federal. A partida era disputada em um espaço de grama natural de 25 m × 50 m, sem a lei do impedimento e com cobranças de faltas executadas de forma direta no próprio campo (CBSS, 2019).

Na época, a expressão *café society* era muito utilizada para designar a elite carioca. Ruy Porto, comentarista esportivo de rádio, "fez elogios quando soube de uma partida com altas personalidades da sociedade carioca, quando se referiu ao evento como um clássico 'Futebol Society'" (CBSS, 2019). A partir de então, a prática passou a ser denominada *futebol society*.

Aos poucos, o movimento se expandiu para outras regiões do Brasil. Em 1981, foi criada uma entidade no Rio de Janeiro para dirigir e administrar o esporte. No Rio Grande do Sul, deu-se início ao movimento de futebol de sete, com as mesmas características de campo e equipamentos de jogo. Apesar de ser o mesmo esporte, a nomenclatura foi adotada na Região Sul por causa de questionamentos sobre a origem da modalidade. No Uruguai, na divisa com o Rio Grande do Sul, já se praticava o esporte com as mesmas características, sendo chamado, no entanto, de *futebol suíço* (CBF7, 2019).

Com a participação de equipes uruguaias, as primeiras disputas oficiais foram realizadas nas décadas de 1970 e 1980, no Rio Grande do Sul. Essas competições despertaram o interesse dos estados de Paraná e Santa Catarina, que, desde então, aderiram à prática do esporte. Em 1986, os esportistas porto-alegrenses iniciaram o processo para criar a Federação Gaúcha de Futebol de Sete, tornando-se, em 1987, "a primeira Federação deste esporte no Brasil, já com suas regras próprias, embora muito semelhantes às do futebol [...]" (CBSS, 2019).

Em São Paulo, a prática do futebol *society* teve início em 1985. O crescimento da megalópole enterrou os campos de várzea. Nos bairros nobres, foram criados os campos de grama natural, parte da área externa de imponentes mansões do Morumbi e outras regiões nobres, onde a elite paulistana se encontrava para jogar. Na sequência, foi criada a Federação Paulista de Futebol Society, que instituiu a padronização das regras oficiais para as competições dessa modalidade (CBSS, 2019).

A implantação da grama sintética disseminou-se rapidamente pelo Brasil. Em razão da durabilidade do piso, esse tipo de grama foi instalado em quadras desportivas para iniciação esportiva (escolinhas de futebol) e em espaços de locação para a prática do futebol *society*.

Assim, os jogos de futebol que antes eram realizados nos campos de grama natural, visando somente ao entretenimento e ao lazer, passou por algumas mudanças para se formalizar. A grama natural foi substituída pela sintética. As regras foram institucionalizadas por entidades, e o *society* nasceu como modalidade esportiva.

Em 1996, foi criada a Confederação Brasileira de Futebol Society, idealizadora de competições nacionais e internacionais no país. Uniu-se à Confederação Brasileira de Futebol de Sete (CBF7) em 2013, visando ao crescimento e desenvolvimento desse esporte. Porém, após discordâncias entre os dirigentes dessas entidades, em 2015 foi criada a Confederação Brasileira de Soccer Society (CBSS). Essa entidade possui federações em diversos estados e está filiada à Federação Internacional de Football Society.

6.1.2 Regras do futebol *society*

Em momentos de lazer e entretenimento, é bastante comum que os próprios jogadores estipulem as regras. Os jogadores definem se o lateral pode ser cobrado com as mãos e/ou pés, se o goleiro pode segurar bolas recuadas com as mãos, entre outras questões secundárias. No entanto, qualquer competição regulamentada adota um único conjunto de regras, apresentadas a seguir.

Quadro 6.1 – Regras do futebol *society*

Número de atletas	A partida deve ser disputada por 2 equipes, cada uma composta obrigatoriamente por 7 jogadores, sendo um deles o goleiro.
Dimensões do campo e tipo de grama	A quadra deve ter formato retangular, medindo entre 45 m a 55 m de comprimento por 25 m a 35 m de largura, revestida com grama natural ou sintética.
Dimensões das traves	As metas/traves devem ser colocadas ao centro das linhas de fundo, com medidas de 5 m de largura por 2,20 m de altura.

Fonte: Adaptado de CBSS, 2019.

Além dessas regras, todos os jogos devem ter um intervalo de no máximo 10 min. No entanto, o tempo deve ser dividido respeitando a faixa etária do jogador, dividindo-se da seguinte forma:

Tabela 6.1 – Tempo de jogo no futebol *society*

Categoria	Idade	Tempo (min)
Sub-7	6 a 7 anos	15 × 15
Sub-9	8 a 9 anos	15 × 15
Sub-11	10 a 11 anos	15 × 15
Sub-13	12 a 13 anos	15 × 15
Sub-15 feminino	Até 15 anos	15 × 15
Sub-15	14 a 15 anos	20 × 20
Sub-17	16 a 17 anos	20 × 20
Principal/feminino	Acima de 18 anos (15 anos com autorização)	20 × 20
Sub-20	18 a 20 anos	25 × 25
Principal	Acima de 18 anos (16 anos com autorização)	25 × 25
Veterano	35 a 40 anos	25 × 25
Máster acima	De 40 anos acima	25 × 25
Categorias a serem criadas deverão seguir orientação da FIFO7S		

Fonte: Elaborado com base em CBSS, 2019.

Sobre a bola, a CBSS determina que a principal medida a ser observada é a altura do quique. Em um campo de grama natural ou sintética, "soltando-a de uma altura de dois metros o retorno do primeiro quique não pode ultrapassar a 0,80 cm" (CBSS, 2019, p. 8). O tamanho da bola deve respeitar a faixa etária dos praticantes.

Apesar das particularidades do campo e da bola de *society*, os fundamentos técnicos são praticamente os mesmos do futebol de campo. As movimentações táticas, assim como nas demais modalidades associadas ao futebol, exigem que os jogadores se organizem em setores ou espaços do campo.

6.2 Futebol de areia

É provável que, ao falar de futebol de areia, nos venha à memória a imagem de crianças, jovens ou adultos jogando bola na praia com traves fixadas por chinelos ou toalhas enroladas sobre a areia. De fato, esse é o começo da história da modalidade. Essa brincadeira foi institucionalizada e tornou-se um esporte praticado em diversos países.

A seguir, apresentaremos alguns pontos essenciais para conhecer melhor a história, as regras e os fundamentos técnicos dessa variante do futebol.

6.2.1 História do futebol de areia

A prática do futebol de areia, também conhecido como *beach soccer* ou futebol de praia, surgiu como forma de lazer e entretenimento. No início da década de 1990, o esporte foi institucionalizado. Foram criadas as regras e vários países montaram suas seleções. A televisão se interessou pela mobilidade, transmitindo campeonatos e cobrindo a modalidade nos noticiários. O público aderiu imediatamente, apoiando a Seleção Brasileira desde o primeiro Campeonato Mundial de Beach Soccer, disputado na Praia de Copacabana, no Rio de Janeiro, em 1994 (CBSB, 2019).

> **Você sabia?**
>
> Depois de encerrar a carreira no futebol de campo, Zico foi um dos grandes jogadores da Seleção Brasileira de Futebol de Areia, atuando entre 1995 e 1996.

Entre 1993 e 1994, foi estipulado um plano de desenvolvimento do futebol de areia, buscando sua expansão para o mundo todo. Na Europa, onde o futebol de campo é extremamente popular, surgiram interessados em investir nessa modalidade associada.

Em 1996, foi criada a Liga Europeia. Pouco mais de 20 anos depois, a prática do futebol de areia está presente em aproximadamente 120 países, que abrigam equipes ou seleções nacionais que competem em várias partes do mundo. No Brasil,

> em busca de se adequar à Lei Pelé, as federações estaduais fundaram a Confederação Brasileira de Beach Soccer (CBSB) como mantenedora e responsável pela organização das principais competições dessa modalidade a nível estadual, nacional ou internacional. Já no ano de 2005, o beach soccer recebeu a chancela da Fifa, e desde então, a Federação Internacional do Futebol de Campo ficou responsável pela organização das principais competições do futebol de areia. (CBSB, 2019)

Assim como no futebol de campo, a Seleção Brasileira de Futebol de Areia teve grandes jogadores e diversas conquistas. É a maior vencedora da Copa do Mundo de Beach Soccer, a principal competição internacional da modalidade. Além do Brasil, as principais seleções de futebol de areia são Rússia, Portugal, Itália, Suíça, França, Espanha e Taiti.

6.2.2 Regras do futebol de areia

O quadro a seguir apresenta as principais regras do futebol de areia.

Quadro 6.2 – Regras do futebol de areia

Campo de jogo	Retangular, com comprimento entre 35 m e 37 m e largura de 26 m a 28 m.
	As linhas do meio do campo e do pênalti são imaginárias. São marcadas por duas bandeiras de 1,5 m de altura nas laterais da quadra. As linhas laterais e de fundo são fitas preferencialmente azuis, para contrastar com a areia.
	As traves medem 5,50 m de comprimento por 2,20 m de largura.

(continua)

(Quadro 6.2 – conclusão)

Número de jogadores	A partida é disputada por 2 equipes formadas por 5 jogadores, sendo um deles o goleiro.	
	As substituições podem ser realizadas em qualquer momento da partida, de forma ilimitada. O jogador substituído poderá retornar ao jogo.	
Equipamento dos jogadores	O uso de chuteira ou qualquer tipo de calçado não é permitido durante o jogo.	
Árbitros	O jogo é controlado por 2 árbitros em campo e mais um árbitro e um cronometrista fora de campo.	
Duração da partida	A partida tem duração de 36 minutos cronometrados, divididos em três tempos de 12 min. cada.	
Faltas	Toda falta é penalizada com tiro livre direto. O jogador que sofre a falta deve realizar a cobrança.	
Cobrança de lateral	O lateral pode ser cobrado com as mãos ou os pés.	

Fonte: Elaborado com base em Fifa, 2019b.

Percebemos que, assim como em outras modalidades associadas ao futebol, o Beach Soccer fez modificações nas regras, adaptando-as às particularidades da nova modalidade. Por exemplo: o jogo de futebol de areia não pode terminar sem um vencedor. Em caso de empate no tempo normal, a partida é prorrogada por mais três minutos. Persistindo a igualdade no placar, uma disputa por pênaltis define o vencedor.

A quadra de areia exige habilidades técnicas e táticas específicas. A superfície irregular permite chutes com trajetórias oblíquas, que surpreendem defesa e goleiro adversários. Outra característica é a recorrência de movimentos plásticos, como voleio e bicicleta. O campo de areia, como vimos, torna a trajetória da bola imprevisível, estimulando, portanto, as jogadas aéreas. A areia torna-se, então, uma vantagem, pois amortece a queda após um lance aéreo de habilidade.

> **Você sabia?**
>
> As faltas fazem parte da estratégia de jogo das outras modalidades, sendo usadas como recurso para deter o ataque adversário. No futebol de areia, entretanto, é fundamental evitar qualquer tipo de falta, pois todas são cobradas como tiro direto e sem barreira.

Também devido às dificuldades de controle da bola na areia, os jogadores optam por conduzi-la acima da superfície da quadra. O domínio e o controle de bola é feito por elevação, seja nos passes, seja nas finalizações.

O número de jogadores em uma equipe torna o jogo bastante dinâmico. Os atletas são exigidos com frequência no ataque e na defesa. Por isso, a posição dos atletas é distribuída em quadra de maneira a equilibrar as ações ofensivas e defensivas.

Tal como em outros esportes de invasão, no futebol de areia são utilizadas as marcações por zona[1], individual[2] ou mista[3]. As estratégias de jogo são elaboradas com a finalidade de proteger a meta ou provocar o erro do adversário para recuperar a posse de bola. Para as movimentações ofensivas, os jogadores buscam desenvolver estratégias para manter a posse de bola e alcançar a meta adversária. São necessárias transições e jogadas rápidas, exigindo-se dos atletas capacidades físicas, habilidades técnicas e tomadas de decisão corretas.

---

[1] Defender por zona é dividir o campo em zonas, aproximar os setores quanto à profundidade e reduzir os espaços entre os jogadores quanto à largura do campo/da quadra, aproximando-os e movimentando-os de um lado para o outro.

[2] Diferentemente da marcação por zona, a marcação individual (corpo a corpo) pressupõe o acompanhamento do respectivo adversário pelos diversos setores do campo ou quadra.

[3] A marcação mista ocorre quando existe a marcação individual em um jogador específico e o restante da equipe mantém a marcação por zona.

6.3 Futevôlei

Os fundamentos técnicos exigidos para a prática do futevôlei são os mesmos do futebol de campo. Ou seja, a bola pode ser tocada com qualquer parte do corpo, exceto mãos, braços ou antebraços. A seguir, discutiremos a história, os fundamentos técnicos e as principais regras do futevôlei.

6.3.1 História do futevôlei

O futevôlei surgiu na década de 1960, na Praia de Copacabana, no Rio de Janeiro. O Brasil estava sob a ditadura militar, que havia proibido a prática do futebol na praia após determinado horário. Para driblar a determinação, um grupo de jovens instalou uma rede de vôlei em uma quadra de Copacabana, definindo linhas imaginárias e passando a bola com os pés e a cabeça (CBFV, 2019). Inicialmente, o jogo foi denominado *pévolei*. Em seguida, em referência à combinação entre vôlei e futebol, o jogo recebeu o nome de *futevôlei* (CBFV, 2019).

Com os anos de prática, os adeptos do futevôlei foram descobrindo as melhores técnicas e estratégias para o jogo. Algumas normas foram implantadas; outras, modificadas. No início, o número de jogadores uma equipe era formada por seis jogadores, como no voleibol. Em virtude disso, a bola dificilmente caía no chão, o que tornava o jogo enfadonho. Optou-se então por um jogo entre duplas, dinamizando a partida. Há, ainda, uma variante com quatro jogadores em cada time (futevôlei 4 × 4). No entanto, a European Footvolley League ressalta que o jogo oficial deve ser disputado entre duplas. O saque inicialmente era efetuado com as mãos, dificultando a recepção com o peito ou a cabeça. Passou então a ser cobrado com os pés, com a bola sobre um monte de areia (CBFV, 2019).

Em 1965, jogadores da Seleção Brasileira de Futebol aderiram à prática como forma de recreação, o que contribuiu para sua rápida expansão pelas praias de Ipanema e Copacabana. Mas foi somente no início da década de 1990 que surgiram as primeiras associações, contribuindo para a organização do futevôlei como esporte. Em 1998, em Goiânia, foi instituída a primeira Confederação Brasileira de Futevôlei (CBFV), responsável por realizar a primeira competição oficial da modalidade. Em 2002, foi realizado o primeiro evento com a participação de equipes de diversas cidades do país. No ano seguinte, surgiu a Federação Internacional de Futevôlei (FIFV). O primeiro mundial da modalidade foi realizado em Atenas, na Grécia, com atletas representantes de dezoito países (CBFV, 2019).

Desde então, foram organizadas diversas competições nacionais e internacionais, nas quais os atletas brasileiros sempre se destacaram. Diversos jogadores de futebol de campo recém-aposentados buscam o futevôlei para prosseguir em um circuito de competições, manter a forma física ou mesmo como lazer e entretenimento.

6.3.2 Regras do futevôlei

As regras oficiais da CBFV definem que a quadra de futevôlei tem as mesmas dimensões da de voleibol, com dimensões de 18 m de comprimento por 9 m de largura. A quadra é dividida ao meio por uma rede de 2,20 m de altura e demarcada por fita nas laterais e nos fundos. O jogo é disputado em *sets* de até 18 pontos. No entanto, a equipe precisa abrir dois pontos em relação ao adversário. Em jogos 4 × 4, o *set* se estende até os 25 pontos. Em jogos disputados entre duplas, o lado da quadra deve ser trocado a cada seis pontos e, para partidas entre quartetos, a cada cinco.

Os pontos são marcados quando a bola cai dentro da quadra do adversário, é lançada para fora dos limites pelo adversário ou bate no jogador e cai no chão. Assim como no voleibol de quadra ou praia, cada equipe de futevôlei pode dar, no máximo, três toques na bola antes de lançá-la à quadra adversária. Um mesmo jogador não pode encostar duas vezes seguidas na bola. Qualquer contato com a rede ou invasão da quadra adversária resulta em ponto para o oponente.

Nas disputas entre duplas mistas, formadas por um atleta masculino e um feminino, algumas regras especiais devem ser respeitadas:

a. o atleta masculino só pode sacar no atleta masculino adversário;
b. o atleta feminino pode sacar livremente em qualquer um dos componentes da equipe adversária. Porém, se o saque for efetuado na área de recepção do atleta feminino, o atleta masculino não pode interferir na recepção;

O não cumprimento aos critérios estabelecidos nos itens a e b será considerado falta e o saque anulado e repetido, sendo que, se ao repetir o saque ocorrer nova falta, haverá a marcação do ponto (CBFV, 2019).

Saiba mais

As regras oficiais do futevôlei podem ser consultadas em: FFVP – Fédération Française de Vol en Planeur. **Regras oficiais do futevôlei**. Disponível em: <http://www.ffvp.org/downloads/5.pdf>. Acesso em: 18 out. 2019.

As principais ações técnicas do futevôlei são o saque, a recepção, o passe e o ataque.

O **saque** é executado pelo jogador utilizando a parte interna, externa ou o peito do pé, de maneira que a bola seja lançada à quadra adversária passando acima da rede. Geralmente, o atleta coloca a bola sobre um monte de areia para chutá-la por baixo, ganhando altura para ultrapassar a rede.

Figura 6.1 – Execução do saque de futevôlei

Figura 6.2 – Recepção da bola de futevôlei com o peito

A **recepção** do saque geralmente é realizada com o peito. No entanto, dependendo da altura, da trajetória da bola ou do posicionamento dos jogadores, utiliza-se também os pés, a coxa, os ombros ou a cabeça. O fundamento da recepção é aplicado de modo a entregar a bola ao companheiro de forma a facilitar um passe preciso. A recepção é considerada um ato defensivo. É necessário que os atletas combinem as posições em quadra para realizar a cobertura de um ataque ou resguardar os espaços vazios ou as zonas da quadra deixadas pelo companheiro de equipe.

Figura 6.3 – Passe de cabeça

Figura 6.4 – Ataque de cabeça

Utilizando os mesmos membros do corpo exigidos para a recepção (pés, coxa da perna, ombros ou cabeça), o **passe** consiste em colocar a bola próximo à rede, de modo a favorecer o companheiro na realização do ataque.

Já o **ataque** consiste em enviar a bola para a quadra adversária em trajetórias curtas, longas, paralelas ou diagonais, exigindo mais ou menos força e buscando os espaços vazios, de modo que dificulte a recepção dos jogadores oponentes. Para isso, o atleta usa principalmente a cabeça, devido à altura da rede. O ataque também pode ser realizado com os pés, coxas, ombros ou peito.

Recentemente, novos movimentos de ataque foram desenvolvidos no futevôlei. Entre eles, destacam-se o *sharkattack*, a bicicleta e a finta. A execução do ***sharkattack*** exige que o jogador estenda os pés no alto, próximo à rede, para atingir a bola com a parte de baixo do pé. A força transferida à bola dificulta a defesa adversária.

Figura 6.5 – Drible *sharkattack*

Will Amaro

Para realizar o ataque da **bicicleta**, é necessário chutar a bola com o peito do pé, sobre a cabeça. O atleta deve executar um movimento aéreo, inclinando o corpo para trás. Esse tipo de ataque é executado com um movimento de força.

Figura 6.6 – Drible da bicicleta

A finta é um movimento para enganar o adversário. Para sua execução, é necessário que o jogador tenha capacidade de improvisação em diferentes técnicas individuais, relacionadas ao tempo de reação, à velocidade de execução, noção de espaço e coordenação motora. No futevôlei, esse gesto técnico geralmente é realizado com a cabeça.

Figura 6.7 – Finta com a cabeça

6.4 Showbol

Ao longo deste capítulo, apresentamos modalidades associadas ao futebol bastante conhecidas do esportista brasileiro. É provável, inclusive, que você já tenha praticado alguma delas como iniciação esportiva ou lazer.

Nesta seção, estudaremos o *showbol*, uma modalidade menos popular, mas com igual capacidade de atrair a atenção dos entusiastas do futebol. Mas, afinal, o que é o *showbol*? Você já teve alguma experiência com essa modalidade? Conhece as regras? Contaremos um pouco de sua história, demonstrando como o futebol é um esporte rico e diversificado, que rende adaptações nos mais variados contextos. Você vai perceber que o único elemento fundamental para esse esporte é a vontade de jogar. Tudo o mais – campo, regras, equipamentos – é adaptável.

6.4.1 História do *showbol*

O *showbol* também é conhecido como minifutebol. Nos Estados Unidos e no Canadá, é chamado ainda de *indoor soccer* ou *arena soccer*; e de *futebol rápido* no México (WMF, 2019). A modalidade foi criada em 1969. Joe Martin, ex-jogador de futebol da Seleção Húngara, encerrou sua carreira como jogador de futebol e mudou-se para Toronto, no Canadá. Em virtude das baixas temperaturas do inverno canadense, o ex-atleta adaptou as regras do futebol de campo para as quadras cobertas de futsal (WMF, 2019).

Pensando na agilidade e na velocidade do esporte, Martin acrescentou uma parede ao longo de todo o perímetro da quadra, exceto sob as traves. Essa é a principal diferença em relação às demais modalidades associadas: a bola permanece em jogo de forma quase permanente, tornando o jogo intenso e veloz (WMF, 2019).

Você sabia?

O minifutebol **não visa ser um esporte profissional**. Os atletas e competições são amadores.

Essa modalidade chegou ao Brasil na década de 1970. O jogador de futebol Francisco Monteiro, que encerrou sua carreira no Canadá, conheceu Joe Martin e o showbol. De volta ao Brasil, Monteiro organizou um amistoso no ginásio do Maracanãzinho, no Rio de Janeiro, entre jogadores brasileiros e uma seleção de atletas de diversas nacionalidades. Apesar de esta partida representar, oficialmente, o início do showbol no Brasil, a modalidade não se desenvolveu no país até 2005, quando foram organizadas as primeiras competições nacionais (Medeiros; Freitas, 2014).

Embora menos popular que outros esportes associados ao futebol, o showbol possui ligas em muitos países fora da América do Norte. Atualmente, a Federação Mundial de Minifutebol (WMF), sediada na República Tcheca, é a entidade gestora global. Ela substituiu a Federação Internacional de Futebol Rápido (Fifra), que era sediada primeiramente no México e, depois, nos Estados Unidos. Há, ainda, federações regionais, como a Federação Africana de Minifutebol (AMF), a Confederação Panamericana de Minifutbol (CPM), a Federação Europeia de Minifutebol (EMF) e a Federação de Minifutebol da Oceania (OMF).

6.4.2 Regras do *showbol*

O *showbol* deve ser disputado em uma quadra de grama sintética, de formato retangular, com comprimento entre 42 m e 44 m e largura entre 22 m e 24 m, envolvida por uma tabela nas extremidades laterais e no fundo (exceto sob a trave). Linhas devem demarcar a área, o meio da quadra e a marca de pênalti (WMF, 2019).

Na figura a seguir, podemos observar as limitações da quadra.

Figura 6.8 – Quadra de *showbol*

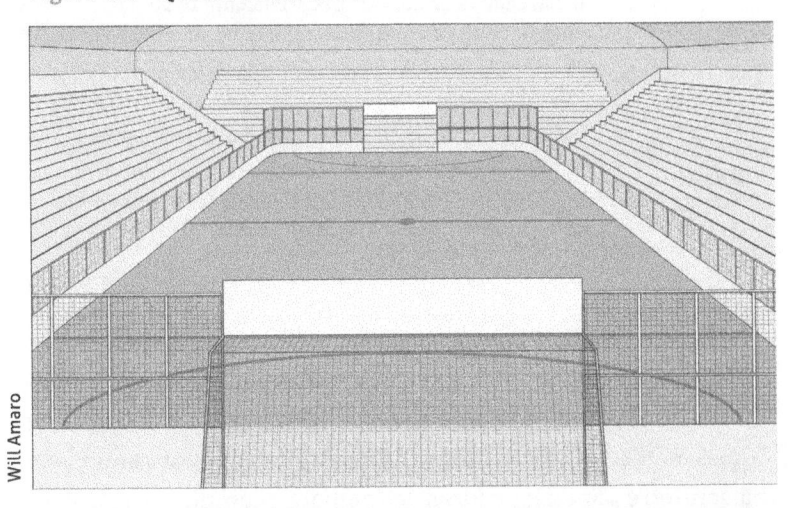

O uso das tabelas diferencia o *showbol* de outras modalidades *indoor*, como futsal e *society*, exigindo habilidades técnicas e táticas específicas, principalmente para a execução de passes e dribles.

O quadro a seguir apresenta as principais regras do *showbol*.

Quadro 6.3 – Regras do *showbol*

Bola	É a mesma bola do futebol de campo.
Jogadores	Os dois times devem entrar em campo com seis jogadores, sendo cinco na linha e um goleiro. As substituições entre os jogadores são ilimitadas e podem acontecer a qualquer momento, sem consulta ao árbitro.
Uniformes	Os atletas devem jogar com chuteira de futebol *society* (pequenas travas de borracha) ou chuteira de futsal.
Árbitro	O jogo é controlado por um único árbitro.
Duração do jogo	O tempo da partida é de duas etapas de 25 minutos cada, com intervalo de 10 minutos.
Bola dentro e fora de jogo	A bola não sai pelas laterais, a não ser que passe por cima da tabela. Se o time que está defendendo colocar a bola para fora, é marcado pênalti. Se a bola sair em decorrência de um ataque, é reposta em jogo pelo goleiro adversário.

(continua)

(Quadro 6.3 – conclusão)

Falta	É marcada falta quando um atleta chutar, golpear, empurrar ou fazer carga excessiva no adversário. A falta será cobrada no ponto exato em que ocorreu a infração.
Pênalti	É marcado pênalti em duas situações: quando uma falta ocorrer dentro da área ou quando a equipe colocar a bola para fora da quadra, por cima da tabela, quando ainda estiver em sua quadra de defesa.

Fonte: Adaptado de WMF, 2019.

No *showbol*, as equipes podem ser divididas por gênero ou ser mistas, sem a necessidade de criação de uma categoria adicional. Em diversos países, é comum a adoção do esporte por crianças ou adolescentes. No Brasil, é praticado sobretudo por atletas do sexo masculino e por ex-jogadores de futebol de campo.

6.5 Modalidades de futebol para pessoas com deficiência física

A atividade física proporciona benefícios à saúde, inclusive auxiliando no combate a doenças físicas e psíquicas. A prática regular de esportes, portanto, traz qualidade de vida para qualquer tipo de público. Ao longo de sua história, o futebol sempre se preocupou em ser um esporte popular, passível de ser praticado nas mais diversas condições. E, dessa forma, se tornou uma linguagem universal, enviando a todos os continentes sua mensagem de fraternidade. A inclusão das pessoas com deficiência se insere nesse quadro de preocupações. Dessa forma, foram criadas diversas categorias adaptadas, contribuindo para que a prática de esporte seja um direito básico e universal do ser humano.

6.5.1 Futebol de cinco

O futebol de cinco é a modalidade desenvolvida para pessoas com deficiência visual. Possui diversas classes divisórias e uma forma de guiar os jogadores em campo para que encontrem a bola, os colegas e os gols.

6.5.1.1 História do futebol de cinco

Até a década de 1950, as pessoas com deficiência visual praticavam futebol com latas, garrafas e bolas amarradas por sacolas plásticas. Essas atividades eram realizadas em algumas instituições de ensino e apoio de São Paulo, Rio de Janeiro e Belo Horizonte (CPB, 2018). Em 1978, na cidade de Natal (RN), ocorreu a primeira competição para pessoas com deficiência visual, durante a olimpíada das Associações de Pais e Amigos dos Excepcionais (APAEs). Em 1984, foi realizado um segundo campeonato, denominado Copa do Brasil. Para o Comitê Paralímpico Internacional (CPI), no entanto, o primeiro campeonato entre clubes ocorreu na Espanha, em 1986 (CPB, 2019).

Assim como em outras modalidades associadas ao futebol, a Seleção Brasileira de Futebol de Cinco costuma obter bons resultados nas competições. Em 1997, foi campeã da Copa América, realizada em Assunção, no Paraguai. No ano seguinte, sagrou-se campeã mundial ao vencer a Argentina na final do primeiro campeonato mundial, realizado em Paulínia, São Paulo (CPB, 2019). Atualmente, a Seleção Brasileira é pentacampeã mundial, tendo vencido os campeonatos de 1998, 2000, 2010, 2014 e 2018.

Em 2004, o futebol de cinco foi inserido nos Jogos Paralímpicos de Atenas. Nesse evento, a Seleção Brasileira sagrou-se campeã, vencendo a Argentina em uma final decidida nos pênaltis. O Brasil foi a equipe que marcou o primeiro gol dos Jogos Paralímpicos, realizado pelo atleta Nilson Silva. Nas outras edições dos Jogos[4],

---

[4] Destacamos as edições dos Jogos Paralímpicos organizados de 2004 a 2016.

a soberania da Seleção Brasileira tornou-se absoluta com a conquista da medalha de ouro em todas as edições (Pequim 2008, Londres 2012 e Rio de Janeiro 2016).

No Brasil, o futebol de cinco é administrado pela Confederação Brasileira de Desportos de Deficientes Visuais – CBDV (2019), responsável também por outros esportes para atletas com deficiência visual. O órgão é responsável por organizar eventos, treinar atletas e realizar cursos de arbitragem.

6.5.1.2 Regras do futebol de cinco

O futebol de cinco normalmente é realizado em quadras de futsal ou grama sintética, cercadas com uma barreira de 1,5 m de altura para evitar que a bola saia para a lateral. A partida é dividida em 2 tempos de 25 minutos, com 10 de intervalo. As medidas são as mesmas do futsal (CPB, 2019). Cada time é formado por cinco jogadores, sendo um o goleiro. Os jogadores de linha devem usar vendas nos olhos para retirar qualquer tipo de vantagem de atletas capazes de algum tipo de percepção luminosa (vultos visuais). Essas vendas não podem ser tocadas pelo jogador, que cometerá falta ao fazê-lo. O goleiro é o único atleta que pode enxergar normalmente (CPB, 2019).

Você sabia?

Ao contrário do que o senso comum poderia imaginar, a modalidade tem diversas jogadas plásticas, com lances de efeito, muitos toques e chutes a gol. Os jogadores são obrigados a falar a palavra espanhola *voy* (vou) sempre que se deslocarem em direção à bola, a fim de evitar choques. Se o jogar não se anunciar, será marcada uma falta (CBDV, 2019).

Segundo o CPB (2019), "os atletas são divididos em três classes que começam sempre com a letra B (*blind*, cego, em inglês).

Nos Jogos Paralímpicos, competem somente atletas da classe B1, com exceção do goleiro". A seguir, apresentamos a classificação dos atletas de acordo com a deficiência visual:

Quadro 6.4 – Classificação dos atletas do futebol de cinco

B1	Pessoas com deficiência visual total ou com percepções de luz, mas sem reconhecer o formato de uma mão a qualquer distância.
B2	Atletas com percepção de vultos.
B3	Atletas que conseguem definir imagens.

Fonte: Elaborado com base em CPB, 2019.

Para orientar os jogadores na quadra, a bola contém guizos, que fazem um som quando ela se movimenta. A condução de bola geralmente é realizada com a parte interna, entre os pés dos jogadores, de forma a manter o controle. A torcida deve se manter em silêncio durante o jogo, podendo se manifestar somente no momento de um gol ou quando a partida for paralisada.

Para orientar os jogadores, um guia chamador permanece atrás do gol adversário. Ele orienta os atletas sobre a direção da trave, o posicionamento da defesa adversária, possíveis jogadas de ataque e outras informações importantes à equipe. Esse guia também orienta os atletas nas cobranças de pênalti ou tiro livre, batendo com uma barra de metal nos postes da trave. Contudo,

> [...] o chamador não pode falar em qualquer ponto da quadra, e sim, quando seu atleta estiver no terço de ataque. Este terço é determinado por uma fita (marcação) que é colocada na banda lateral, dividindo a quadra em três partes: o terço da defesa, onde o goleiro tem a responsabilidade de orientar; o terço central, onde a responsabilidade é do técnico, e o terço de ataque, onde a responsabilidade da orientação é do chamador. (CBDV, 2019)

O goleiro não pode sair de sua área para a realização de uma defesa. Após a terceira falta, é cobrado um tiro livre direto do local em que foi sofrida a falta ou da linha de 8 m. Cinco infrações cometidas pelo mesmo atleta implicam em sua expulsão de campo. No entanto, ele pode ser substituído por outro atleta.

6.5.2 Futebol para pessoas com deficiência intelectual ou com síndrome de Down

Trata-se de um esporte adaptado pela CBFS. As dimensões da quadra, a bola e o tempo são ajustados visando a prática e a segurança dos participantes.

Essa modalidade não tem como objetivo o rendimento e não se preocupa com a *performance*, os passes precisos, os domínios perfeitos ou a estratégia. O propósito é envolver as pessoas com deficiência intelectual, de forma a aperfeiçoar a capacidade de realização das tarefas do cotidiano.

6.5.3 *Power soccer* ou *powerchair football*

O *power soccer* é um exemplo de futebol adaptado que faz bastante sucesso entre as pessoas com deficiência. Foi criado na década de 1970, no Canadá e na França, simultaneamente. No Brasil, segundo a Associação Brasileira de Futebol em Cadeira de Rodas (ABFC, 2019), a modalidade existe 2010. A associação foi fundada no ano seguinte.

Figura 6.9 – *Power soccer* ou *powerchair football*

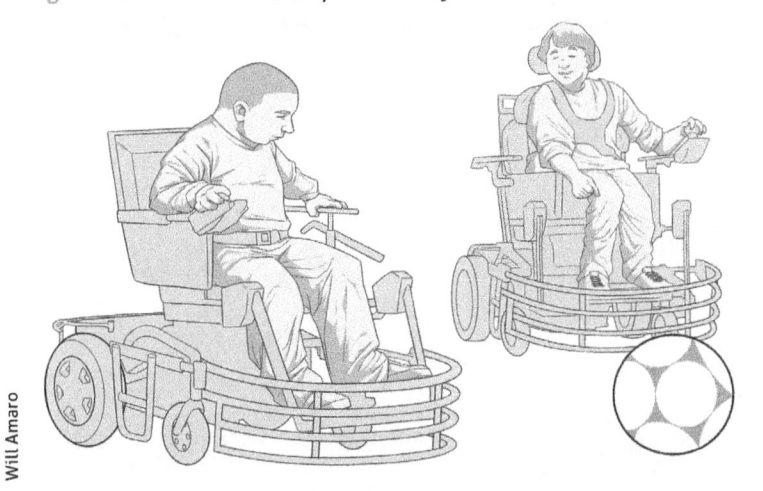

Will Amaro

O jogo é praticado em uma quadra com dimensões semelhantes a do basquete. Cada equipe conta com quatro jogadores na linha e um goleiro. A partida tem dois tempos com duração de 20 minutos, com intervalo de 10. Os jogadores manobram uma cadeira de rodas automática, adaptada com uma grade semelhante a dos capacetes de futebol americano, chamada *footguarda*. Devem usá-la para conduzir a bola até o gol. Por isso, a bola tem dimensões maiores do que a bola oficial de uma partida de futebol regular.

Atualmente, a Seleção Brasileira de Powerchair Football representa o país na Copa Sul-Americana e em diversas exibições mundo afora. Clubes disputam a Copa Libertadores e o Campeonato Brasileiro.

Figura 6.10 – *Power soccer* ou *powerchair football*

Will Amaro

6.5.4 Goalball

Entre as modalidades de futebol adaptado está o *goalball*, um tipo de futebol desenvolvido para as pessoas com deficiência visual. Foi criado em 1946 pelo austríaco Hanz Lorezen e pelo alemão Sepp Reindle. O propósito era reabilitar e socializar os veteranos da Segunda Guerra Mundial que ficaram cegos (CBDV, 2019).

A CBDV define que a quadra tem 9 m de largura por 18 m de comprimento – as mesmas dimensões de uma quadra de vôlei. Cada equipe é formada por três jogadores titulares e um reserva. Os titulares ficam posicionados em frente a um gol com largura de 9 m × 1,30 m de altura. A bola pesa 1,25 kg, com um guizo para orientar os atletas. Os torcedores do ginásio devem permanecer em silêncio.

A partida de *goalball* é disputada em dois tempos de 12 minutos. Porém, o jogo pode ser encerrado caso uma equipe consiga 10 gols de diferença sobre o adversário (CBDV, 2019).

Figura 6.11 – *Goalball*

Will Amaro

Assim, como o futebol de cinco, o *goalball* é uma modalidade exclusiva para pessoas com deficiência visual, das categorias B1, B2 e B3 (Quadro 6.4, apresentado anteriormente). Independentemente do nível da perda visual, todos os atletas utilizam vendas durante as competições (CBDV, 2019).

Você sabia?

A Seleção Brasileira Masculina de Goalball foi campeã mundial em 2014 e vice-campeã nos Jogos de Londres, em 2012. Já a Seleção feminina levou o ouro nos Jogos Parapan-Americanos de Toronto, em 2015.

6.5.5 Futebol para pessoas com membros inferiores amputados

O futebol para pessoas com membros inferiores amputados foi criado em 1987, nos Estados Unidos, pela Ampute Soccer International. Em 1990, o Brasil participou de um campeonato mundial pela primeira vez, e obteve a terceira colocação.

Conforme a Associação Brasileira de Desportos para Deficientes Físicos – ABDDF (2019), a regra estabelece que os sete jogadores de linha sejam atletas com um membro inferior amputado. O goleiro deve ter um dos braços amputado.

Figura 6.12 – Futebol para pessoas com membros inferiores amputados

Will Amaro

O campo deve medir 60 m × 38 m. A partida é disputada em dois tempos de 25 minutos, com intervalo de 10 minutos. As muletas servem apenas como apoio, e não devem tocar a bola (ABDDF, 2019).

Atualmente, os organizadores da modalidade esperam que ela seja incorporada aos Jogos Paralímpicos. A proposta de inclusão é justificada por diversos fatores, como a socialização e a interação entre os praticantes. Os desafios para trabalhar com esse público são inúmeros. Por isso, o profissional que deseja atuar nessa área precisa inovar, reciclar-se, reinventar-se, adquirir conhecimentos específicos e, sobretudo, compreender que as pequenas evoluções são grandes conquistas para essas pessoas.

Síntese

Neste capítulo, apresentamos uma breve história do futebol *society*, do futebol de areia (*beach soccer*), do futebol de cinco (modalidade paralímpica), do futevôlei, do *showbol* e de algumas modalidades de futebol adaptado. Percebemos que várias tiveram origem no Brasil e, com o passar dos anos, se estabeleceram fortemente em diversos países.

Vimos que a execução dos movimentos técnicos e táticos está diretamente relacionada às regras de cada modalidade. Constatamos que cada um tem ao menos uma característica marcante. Podemos destacar a tabela que envolve toda a quadra de *showbol*, tornando o jogo mais dinâmico. O *society* é praticado por 7 jogadores em uma quadra de grama sintética ou natural com bola que não deve quicar acima de 80 cm do solo. No futevôlei, pode-se usar todas as partes do corpo, exceto as mãos, para passar a bola sobre a rede. A dinâmica do futebol de areia é determinada pela irregularidade do terreno. A bola do futebol de cinco e do *goalball* possui guizos, o que facilita sua localização pelo atleta com deficiência visual. Destacamos, por fim, outras especificidades do futebol para pessoas com deficiência física, intelectual ou síndrome de Down, cadeirantes ou pessoas com membros inferiores amputados.

Indicação cultural

FUTEBOL de 5: o futebol que o Brasil não vê. Disponível em: <www.youtube.com/watch?v=ZnPbDBQrNPc>. Acesso em: 4 out. 2019.

Essa série apresenta o futebol de cinco, modalidade associada ao futebol mais vitoriosa do país. Também costuma ser chamado simplesmente de futebol para pessoas com deficiência visual. A Seleção Brasileira de Futebol de Cinco não perde um jogo desde 2006. Conquistou medalha de ouro em todas as edições dos Jogos Paralímpicos até 2016 e possuía quatro títulos mundiais até 2017.

Entretanto, todos esses resultados não são suficientes para receber o apoio da mídia esportiva nacional. Assim, por meio de depoimentos de jogadores, atletas e demais profissionais que trabalham com essa modalidade, o documentário busca divulgar e valorizar essa modalidade.

Atividades de autoavaliação

1. O futebol *society* também é conhecido como:
   a) futebol de sete e futebol suíço.
   b) futebol de cinco e minifutebol.
   c) futebol de sete e futevôlei.
   d) futebol suíço e *showbol*.
   e) futsal e *indoor soccer*.

2. Sobre o saque em partidas de duplas mistas no futevôlei, indique se as afirmações a seguir são verdadeiras (V) ou falsas (F):

   ( ) O atleta masculino só pode sacar no atleta masculino adversário.
   ( ) O atleta masculino pode sacar livremente em qualquer um dos componentes da equipe adversária.
   ( ) A atleta feminina pode sacar livremente em qualquer um dos componentes da equipe adversária.
   ( ) Se o saque for efetuado na área de recepção da atleta feminina, o atleta masculino não pode interferir na recepção.

   Agora, assinale a alternativa correspondente à sequência correta:
   a) V, F, V, F.
   b) V, F, V, V.
   c) F, V, F, V.
   d) F, F, V, V.
   e) V, V, V, F.

3. No futebol de areia, o jogo é dividido em:
   a) 3 tempos de 20 minutos.
   b) 3 tempos de 15 minutos.
   c) 3 tempos de 12 minutos.
   d) 2 tempos de 20 minutos.
   e) 2 tempos de 15 minutos.

4. No Brasil, o futebol de cinco é administrado pela:
   a) Confederação Brasileira de Desportos de Deficientes Visuais.
   b) Confederação Brasileira de Futebol.
   c) Confederação Internacional de Futebol Association.
   d) Confederação Brasileira de Futebol de Cinco.
   e) Confederação Brasileira de Futebol para Cegos.

5. No *showbol*, o jogo é dividido em:
   a) 2 tempos de 25 minutos.
   b) 2 tempos de 20 minutos.
   c) 2 tempos de 15 minutos.
   d) 2 tempos de 12 minutos.
   e) 2 tempos de 10 minutos.

Atividades de aprendizagem

Questões para reflexão

1. Em 2016, a Arena da Baixada, em Curitiba, foi o primeiro estádio de futebol do Brasil a implantar grama sintética. A escolha gerou grande repercussão entre os demais clubes e na mídia esportiva. Após a implantação desse tipo de gramado, você acredita que o Club Athletico Paranaense leva algum tipo de vantagem em partidas jogadas no estádio? A grama sintética aumenta os riscos de lesões dos atletas? Houve lesão de atletas jogando nesse tipo de grama?

2. Nos Jogos Olímpicos do Rio de Janeiro, em 2016, a Confederação Brasileira de Futebol distribuiu aproximadamente R$ 12 milhões em prêmos à equipe de futebol que conquistou a medalha de ouro nos Jogos Olímpicos do Rio de Janeiro, em 2016. Os dezoito atletas e os membros da comissão técnica receberam cerca de R$ 500 mil cada. Para atletas de outros esportes, porém, a vitória não foi tão bem remunerada. Vencedores em modalidades individuais ganharam R$ 35 mil cada. Nos esportes coletivos, a remuneração foi de R$ 17,5 mil, pagos pelo Comitê Olímpico Brasileiro. Como você analisa essa diferença de valores recebida pelos jogadores de futebol e demais atletas olímpicos? Por que os jogadores do futebol de cinco com medalha de ouro não recebem gratificações significativas, como os outros atletas?

Atividades aplicadas: prática

1. As primeiras seleções brasileiras de futebol de areia eram formadas por jogadores aposentados do futebol de campo. Atualmente, os atletas dessa modalidade treinam e jogam profissionalmente em clubes nacionais ou internacionais, e representam a Seleção Brasileira por meio de convocações. Pesquise e faça uma lista dos jogadores de futebol de campo que jogaram pela Seleção Brasileira de Futebol de Areia após encerrarem a carreira profissional. Liste os principais clubes de futebol de areia da atualidade e identifique quais fornecem atletas à Seleção, bem como o nome desses jogadores.

2. Reúna um grupo de crianças com idade a partir de 9 anos em uma sala de vídeo. Contextualize as modalidades do futebol praticadas por pessoas com deficiência visual e exiba o vídeo "Conheça a modalidade paralímpica de *goalball*". Pergunte aos alunos se eles já praticaram ou, ao menos, conhecem essa atividade, se já assistiram a algum jogo dessa modalidade pela televisão e o que acharam. Explique as regras do jogo e

proponha a realização de uma atividade. Separe os alunos em equipes de seis, conforme o regulamento do goalball. Oriente as pessoas que estão em espera a fazer silêncio para não atrapalhar quem está jogando. Sugira aos praticantes criar estratégias de jogada para atacar o adversário. Verifique a melhor forma de revezar os times, se por tempo ou por gols marcados. O importante é que todos vivenciem o esporte. Ao final, reflita com os participantes sobre as dificuldades praticado jogo, como se sentiram ao realizar uma atividade física sem enxergar, sobre os possíveis barulhos de quem estava fora da partida e como isso afetou o desempenho da equipe.

TV BRASIL GOV. **Conheça a modalidade paraolímpica do goalball**. 28 ago. 2015. Disponível em: <https://www.youtube.com/watch?v=UinvTFoRpP8>. Acesso em: 1º out. 2019.

Considerações finais

Nesta obra, procuramos desenvolver uma série de temáticas que possam levar você, leitor, a refletir sobre o futebol e suas modalidades associadas. Apresentamos a gênese histórica da prática com bola em diferentes civilizações e sua evolução com a normalização das regras credenciadas pelos ingleses no fim do século XIX. Vimos que o futebol se tornou um dos esportes mais populares do mundo, principalmente no Brasil, país no qual é uma modalidade esportiva muito praticada.

Ao discutir sua organização institucional, percebemos as relações em diferentes perspectivas, estabelecidas dos pequenos aos grandes eventos da modalidade. O futebol é um esporte que mexe com os sentimentos das pessoas durante os jogos e as competições, instigando diversas manifestações das torcidas.

Acreditamos que este material poderá servir de apoio e orientação básica para diversos profissionais, sobretudo os de bacharelado e licenciatura em Educação Física. É importante que esses profissionais estejam atentos ao processo pedagógico e às estratégias didáticas que serão utilizadas ao ensinar futebol em seus mais diversos contextos.

Esperamos, por fim, que este livro contribua para despertar a curiosidade em aprofundar o conhecimento sobre o futebol e suas modalidades associadas.

Lista de siglas

ABDDF: Associação Brasileira de Desportos para Deficientes Físicos
ABFC: Associação Brasileira de Futebol em Cadeira de Rodas
AFC: Confederação Asiática de Futebol
AMF: Federação Africana de Minifutebol
Apae: Associação de Pais e Amigos dos Excepcionais
CAF: Confederação Africana de Futebol
CBDV: Confederação Brasileira de Desportos de Deficientes Visuais
CBF: Confederação Brasileira de Futebol
CBF7: Confederação Brasileira de Futebol de Sete
CBFS: Confederação Brasileira de Futebol de Salão
CBFV: Confederação Brasileira de Futevôlei
CBSB: Confederação de Beach Soccer do Brasil
CBSS: Confederação Brasileira de Soccer Society
CND: Conselho Nacional de Desportos
COI: Comitê Olímpico Internacional
COM: Confederação Panamericana de Minifutebol
Concacaf: Confederação de Futebol da América do Norte, Central e Caribe
Conmebol: Confederação Sul-Americana de Futebol
CPI: Comitê Paralímpico Internacional
CSAFS: Confederação Sul-Americana de Futebol de Salão

Diesporte: Diagnóstico Nacional do Esporte
EMF: Federação Europeia de Minifutebol
Fifa: Federação Internacional de Futebol
Fifra: Federação Internacional de Futebol Rápido
Fifusa: Federação Internacional de Futebol de Salão
FIFV: Federação Internacional de Futevôlei
Ifab: International Football Association Board
OFC: Confederação de Futebol da Oceania
OMF: Federação de Minifutebol da Oceania
Uepa: União das Associações Europeias de Futebol
Unesco: Organização das Nações Unidas para a Educação, a Ciência e a Cultura
WMF: Federação Mundial de Minifutebol

Referências

ABDDF – Associação Brasileira de Desporto para Deficientes Físicos. Disponível em: <https://www.abddf.org/>. Acesso em: 26 jun. 2019.

ABFC – Associação Brasileira de Futebol em Cadeira de Rodas. Disponível em: <https://www.abfc.org.br/>. Acesso em: 1º out. 2019.

AFC – Asian Football Confederation. Disponível em: <https://www.the-afc.com/>. Acesso em: 1º out. 2019.

AGGIO, M. T. **O olhar feminino sobre o futebol**: das questões de gênero à reestruturação do habitus no interior da escola. 134 f. Dissertação (Mestrado Profissional em Processo de Ensino, Gestão e Inovação) – Centro Universitário de Araraquara, Araraquara, 2015.

ANDRADE, M. X. de. **Futsal**: da formação ao alto rendimento – métodos e processos de treinamento. Edição do autor. Carlos Barbosa: [s.n.], 2017.

_____. **Futsal**: início, meio e finalidade – noções sobre preparação física, tática e técnica. Edição do autor. Marechal Candido Rondon: [s.n.], 2010.

AZEVEDO, E. S. de; SHIGUNOV, V. **Reflexões sobre as abordagens pedagógicas em educação física**. Disponível em: <http://www.peteducacaofisica.ufms.br/wp-content/uploads/2016/02/Reflex%C3%B5es-sobre-as-abordagens-pedag%C3%B3gicas.pdf>. Acesso em: 1º out. 2019.

BELLO JÚNIOR, N. **Manifestações de inteligência corporal cinestésica na prática do jogo de futsal**: um estudo da categoria principal masculino. 97 f. Dissertação (Mestrado em Educação Física) – Universidade São Judas Tadeu, São Paulo, 2005.

BETTI, M. Mídias: aliadas ou inimigas da educação física escolar? **Motriz**, São Paulo, v. 7, n. 2, p. 125-129, jul./dez. 2001.

BRACHT, V. **Educação física e aprendizagem social**. 2. ed. Porto Alegre: Magister, 1992.

BRASIL. Constituição (1988). Diário Oficial da União, Brasília, DF, 5 out. 1988. Disponível em: <http://www.planalto.gov.br/ccivil_03/Constituicao/Constituicao.htm>. Acesso em: 1º out. 2019.

_____. Lei n. 9.615, de 24 de março de 1998. **Diário Oficial da União**, Poder Legislativo, Brasília, DF, 25 mar. 1988. Disponível em: <http://www.planalto.gov.br/ccivil_03/Leis/L9615consol.htm>. Acesso em: 1º out. 2019.

BRASIL. Ministério da Educação. Secretaria de Educação Fundamental. **Parâmetros Curriculares Nacionais**: 1ª a 4ª séries – Educação Física. Brasília, 1997. Disponível em: <http://portal.mec.gov.br/seb/arquivos/pdf/livro07.pdf>. Acesso em: 1º out. 2019.

BRASIL. Ministério do Esporte. **Diagnóstico nacional do esporte**. Disponível em: <http://www.esporte.gov.br/diesporte/2.html>. Acesso em: 1º out. 2019.

BRIGA generalizada de torcidas deixa quatro feridos na Arena Joinville. **Globo Esporte**, 8 dez. 2013. Brasileirão Série A. Disponível em: <http://globoesporte.globo.com/futebol/brasileirao-serie-a/noticia/2013/12/briga-na-arquibancada-paralisa-jogo-entre-furacao-e-vasco.html> Acesso em: 1º out. 2019.

CAF – Confédération Africaine de Football. Disponível em: <https://www.cafonline.com/>. Acesso em: 1º out. 2019.

CAPRARO, A. M. **Football**: uma prática elitista e civilizadora – investigando o ambiente social e esportivo paranaense do início do século XX. 159 f. Dissertação (Mestrado em História) – Universidade Federal do Paraná, Curitiba, 2002.

CAPRARO, A. M.; SOUZA, M. T. O. **Educação física, esportes e corpo**: uma viagem pela história. Curitiba: InterSaberes, 2017.

CASTELLANI FILHO, L. **Educação física no Brasil**: a história que não se conta. 6. ed. Campinas: Papirus, 1988.

CBDV – Confederação Brasileira de Desportos de Deficientes Visuais. Disponível em: <http://cbdv.org.br/fut5>. Acesso em: 1º out. 2019.

CBF – Confederação Brasileira de Futebol. **Regras de futebol (2017-18)**. Rio de Janeiro, 2017. Disponível em: <https://conteudo.cbf.com.br/cdn/201707/20170726120119_0.pdf>. Acesso em: 1º out. 2019.

CBF – Confederação Brasileira de Futebol. **Regras de futebol (2018-19)**. Rio de Janeiro, 2018. Disponível em: <https://conteudo.cbf.com.br/cdn/201812/20181205182028_192.pdf>. Acesso em: 1º out. 2019.

CBF7 – Confederação Brasileira de Futebol 7. Disponível em: <https://www.cbf7.com.br/> Acesso em: 1º out. 2019.

CBFS – Confederação Brasileira de Futebol de Salão. **Livro de regras 2017**. Fortaleza, 2017. Disponível em: <http://www.cbfs.com.br/2015/futsal/regras/livro_nacional_de_regras_2017.pdf>. Acesso em: 1º out. 2019.

_____. **O esporte da bola pesada virou uma paixão**. Disponível em: <http://www.cbfs.com.br/2015/futsal/origem/index.html>. Acesso em: 1º out. 2019.

CBFV – Confederação Brasileira de Futevôlei. Disponível em: <http://www.cbfv.com.br/cbfv/historia-do-futevolei>. Acesso em: 14 jun. 2019.

CBSB – Confederação Brasileira de Beach Soccer do Brasil. Disponível em: <http://www.cbsb.com.br/>. Acesso em: 14 jun. 2019.

CBSS – Confederação Brasileira de Soccer Society. Disponível em: <http://www.soccersociety.com.br/>. Acesso em: 14 jun. 2019.

CBVD – Confederação Brasileira de Desporto de Deficientes Visuais. Disponível em: <http://www.cpb.org.br/modalidades/goalball>. Acesso em: 1º out. 2019.

CHADE, J. Receita do futebol supera R$ 100 bi e esporte já é maior que PIB de 95 países. Estadão Conteúdo. **Estadão**, 6 jun. 2018. Esportes. Disponível em: <https://esportes.estadao.com.br/noticias/futebol,receita-do-futebol-supera-r-100-bi-e-esporte-ja-e-maior-que-pib-de-95-paises,70002340625>. Acesso em: 1º out. 2019.

COELHO, A. C. **A regra é clara**. São Paulo: Globo, 2002.

CONCACAF – Confederação de Futebol da América do Norte, Central e Caribe. Disponível em: <https://www.concacaf.com>. Acesso em: 1º out. 2019.

CONMEBOL – Confederação Sul-Americana de Futebol. Disponível em: <http://www.conmebol.com/pt-br>. Acesso em: 1º out. 2019.

CPB – Comitê Paralímpico Brasileiro. Disponível em: <http://www.cpb.org.br/>. Acesso em: 1º out. 2019.

DAOLIO, J. **Cultura**: educação física e futebol. 3. ed. Campinas: Ed. da Unicamp, 2006.

DIAS JÚNIOR, J. C. **Importância da estrutura clínica para a preparação de atletas para clubes de futebol paulistas**. 142 f. Dissertação (Mestrado em Desenvolvimento Territorial e Meio Ambiente) – Centro Universitário de Araraquara, Araraquara, 2016.

DUMAZEDIER, J. **Lazer e cultura popular**. São Paulo: Perspectiva, 1976.

ESMERIZ, H. Invasão, feridos e tumulto: rebaixamento da Ponte cria clima de terror no Majestoso. **Globo Esporte**, 26 nov. 2017. Disponível em: <https://globoesporte.globo.com/sp/campinas-e-regiao/futebol/times/ponte-preta/noticia/torcedores-da-ponte-invadem-o-gramado-e-forcam-fuga-dos-jogadores-para-o-vestiario.ghtml>. Acesso em: 1º out. 2019.

FERREIRA, G. M. Teoria da educação física: bases epistemológicas e propostas pedagógicas. In: NETO, F.; GOELLNER, V.; BRACHT, V. **As ciências do esporte no Brasil**. Campinas: Autores Associados, 2009.

FIFA – Federation International Football Association. Disponível em: <https://www.fifa.com/>. Acesso em: 1º out. 2019a.

FIFA – Federation International Football Association. **Reglas de Juego de Fútbol Playa de la Fifa 2015-2016**. Disponível em: <https://resources.fifa.com/image/upload/reglas-juego-del-futbol-playa-527605.pdf?cloudid=ggd08q7kwgzcyapjpv11>. Acesso em: 1º out. 2019b.

FINCK, S. C. M. **A educação física e o esporte na escola**: cotidiano, saberes e formação. 2. ed. Curitiba: Ibpex, 2011.

FOER, F. **Como o futebol explica o mundo**: um olhar inesperado sobre a globalização. Tradução de Carlos Alberto Medeiros. Rio de Janeiro: J. Zahar, 2005.

FRANCO JÚNIOR, H. **A dança dos deuses**: futebol, sociedade e cultura. São Paulo: Companhia das Letras, 2007.

FREIRE, J. B. **Educação de corpo inteiro**: teoria e prática de ensino. 5. ed. São Paulo: Scipione, 2009.

GHIRALDELLI JÚNIOR, P. **Educação física progressista**: a pedagogia crítico-social dos conteúdos e a educação física brasileira. São Paulo: Loyola, 1991.

GOMES, C. L. (Org.). **Dicionário crítico do lazer**. Belo Horizonte: Autêntica, 2004.

GOMES, C. L. Lazer urbano, contemporaneidade e educação das sensibilidades. **Revista Itinerarium**, Rio de Janeiro, v. 1, p. 5, 2008.

GONÇALVES, G. de A.; NOGUEIRA, R. M. de O. O treinamento específico para goleiros de futebol: uma proposta de macrociclo. **Revista Estudos**, Goiânia, v. 33, n. 7/8, p. 531-543, jul./ago. 2006.

GRASSROOTS. **La filosofía del fútbol base**. Disponível em: <HTTP://GRASSROOTS.FIFA.COM>. Acesso em: 1º out. 2019.

KIEHL, L. F.; VUONO, M. A. **Acertando o chute**. São Paulo: Caramelo, 2002.

KLISIEWICZ, E. L. Coxa é rebaixado para a 2ª divisão e torcida promove quebra-quebra. **Gazeta do Povo**, 6 dez. 2009. Esportes. Disponível em: <https://www.gazetadopovo.com.br/esportes/coxa-e-rebaixado-para-a-2-divisao-e-torcida-promove-quebra-quebra-byzwwnlsbxyih2e5swkz6u7gu/>. Acesso em: 1º out. 2019.

KUNZ, E. **Transformação didático-pedagógica do esporte**. Ijuí: Ed. Unijuí, 1994.

LAIBIDA, L. D. J. A construção histórico-sociológica de "ideologias" e "classes" no futebol de Curitiba. In: SEMINÁRIO SOCIOLOGIA E POLÍTICA EM TEMPOS DE INCERTEZA, 1., 2009, Curitiba. **Anais**... Curitiba, 2010.

LEAL, J. C. **Futebol**: arte e ofício. Rio de Janeiro: Sprint, 2000.

LE BOUCH, J. **Educação psicomotora**: psicocinética na idade escolar. Porto Alegre: Artes Médicas, 1986.

LEME, C. G. **É gol! Deus é 10**: a religiosidade no futebol profissional paulista e a sociedade de risco. 290 f. Dissertação (Mestrado em Ciência da Religião) – Pontifícia Universidade Católica de São Paulo, São Paulo, 2005.

LIMA, E. J. S. Futebol e modernidade no Recife dos primórdios do século XX. In: ENCONTRO REGIONAL DA ANPUH-RIO, 14., 2010, Rio de Janeiro. **Anais**... Rio de Janeiro: Numen, 2010.

LOPES, F. T. P. **Discursos sobre violência envolvendo torcedores de futebol**: ideologia e crítica na construção de um problema social. 590 f. Tese (Doutorado em Psicologia) – Universidade de São Paulo, São Paulo, 2012.

MARRA, P. S. O som como elemento da experiência urbana do futebol. In: INTERCOM – SOCIEDADE BRASILEIRA DE ESTUDOS INTERDISCIPLINARES DA COMUNICAÇÃO; CONGRESSO BRASILEIRO DE CIÊNCIAS DA COMUNICAÇÃO, 33., 2010, Caxias do Sul. **Anais**... Caxias do Sul, 2010.

MARTINS, P. **Sociologia do esporte**. Sobral: Inta, 2016. Apostila.

MEDEIROS, C. R.; FREITAS, G. F. Showbol, Rio, qualidade de vida, ex-atletas. **Revista Brasileira de Futebol**, v. 6, n. 2, p. 37-46, jan./jun. 2014.

MELO, L.; MELO, R. **Ensinando futsal**. Rio de Janeiro: Sprint, 2006.

MELO, R. S. de. **Futebol**: da iniciação ao treinamento. Rio de Janeiro: Sprint, 2001.

MURAD, M. **A violência no futebol**. Rio de Janeiro: Benvirá, 2012.

NOVAS REGRAS do futebol são oficializadas: veja as mudanças. **Gazeta Esportiva**, 13 mar. 2019. Futebol. Disponível em: <https://www.gazetaesportiva.com/futebol/novas-regras-do-futebol-sao-oficializadas-veja-as-mudancas/>. Acesso em: 1º out. 2019.

OFC – Oceania Football Confederation. Disponível em: <https://www.oceaniafootball.com>. Acesso em: 1º out. 2019.

PARREIRA C. A. **Evolução tática e estratégia de jogo**. Brasília: EBF, 2005.

PEREIRA, M. C. De 187 laterais cobrados na área, só 1 virou gol: 99,47% das vezes a bola foi desperdiçada. **ESPN**, 17 jul. 2015. Disponível em: <http://www.espn.com.br/blogs/maurocezarpereira/528063_de-187-laterais-cobrados-na-area-so-1-virou-gol-9947-das-vezes-a-bola-foi-desperdicada>. Acesso em: 1º out. 2019.

PESQUISAS mostram que número de brasileiros sem time oscila pouco. **Globo Esporte,** 27 dez. 2016. Futebol. Disponível em: <http://globoesporte.globo.com/futebol/noticia/2016/12/pesquisas-mostram-que-numero-de-brasileiros-sem-time-oscila-pouco.html>. Acesso em: 1º out. 2019.

PIVETTI, B. M. F. **Periodização tática**. São Paulo: Phorte, 2012.

PIZARRO, J. O. **Fifa e governança global**: atuação a partir da análise do soft power (1990-2015). 105 f. Dissertação (Mestrado em Ciência Política) – Universidade Federal de Pelotas, Pelotas, 2015.

SALLES, J. G. do C. Futebol: um lazer mágico da cultura brasileira. **Motus Corporis**, v. 5, n. 1, 1998.

SANTANA, W. de C. **Futsal**: apontamentos pedagógicos na iniciação e na especialização. Campinas: Autores Associados, 2004.

SANTOS, H. S. dos. Entre negros e brancos: considerações sobre a formação da cultura futebolística em Salvador, 1901-1920. **Recorde**: Revista de História do Esporte, v. 2, n. 1, jun. 2009.

SCAGLIA, A. J. Escolinha de futebol: uma questão pedagógica. **Motriz**, v. 2, n. 1, p. 36- 42, jul. 1996.

SENECHAL, A. Brasil registra a maior audiência do mundo para a final da Copa feminina. **Veja**, 11 jul. 2019. Placar. Disponível em: <https://veja.abril.com.br/placar/brasil-registra-a-maior-audiencia-do-mundo-para-a-final-da-copa-feminina/>. Acesso em: 1º out. 2019.

SIMÕES, R. R. **O dia em que as mulheres viraram a cabeça dos homens**. Rio de Janeiro: Qualitymark, 2007.

SMOUTER, L.; GOMES, D.; COUTINHO, S. da S. A hegemonia do futebol enquanto esporte em um programa de mídia esportiva e suas relações com o esporte na educação física escolar. **Revista de Educação Física, Esporte** e Saúde, Campinas, v. 15, n. 4, p. 396-409, out./dez. 2017.

SOUZA, L. C. de. **Sociedade, futebol, torcidas organizadas e educação**: da violência explícita às contradições não evidentes. 193 f. Tese (Doutorado em Educação) – Universidade Federal de Goiás, Goiânia, 2014.

SOUZA JÚNIOR, O. M. de. **Futebol como projeto profissional de mulheres**: interpretações da busca pela legitimidade. 314 f. Tese (Doutorado em Educação Física) – Universidade Estadual de Campinas, Campinas, 2013. Disponível em: <http://repositorio.unicamp.br/bitstream/REPOSIP/275104/1/SouzaJunior_OsmarMoreirade_D.pdf>. Acesso em: 1º out. 2019.

SOUZA JÚNIOR, O. M. de; DARIDO, S. C. A prática do futebol feminino no ensino fundamental. **Motriz**, v. 8, n. 1, jan./abr. 2002.

UEFA – União das Associações Europeias de Futebol. Disponível em: <https://www.uefa.com>. Acesso em: 1º out. 2019a.

UEFA – União das Federações Europeias de Futebol. **Manual de la UEFA para entrenadores de futsal**. Disponível em: <https://es.uefa.com/MultimediaFiles/Download/uefaorg/CoachingCoachedu/02/50/17/56/2501756_DOWNLOAD.pdf>. Acesso em: 1º out. 2019b.

UNZELTE, C. **O livro de ouro do futebol**. Rio de Janeiro: Ediouro, 2002.

VOSER, R. da C. **Futsal**: princípios técnicos e táticos. 4. ed. Canoas: Ed. da Ulbra, 2014.

WALKER, M. FIFA 19 e New Super Mario Bros U Deluxe lideram vendas mundiais em 2019; No Brasil, PES encosta. **Observatório de Games**, 9 ago. 2019. Disponível em: <https://observatoriodegames.bol.uol.com.br/destaque/2019/08/fifa-19-e-new-super-mario-bros-u-deluxe-lideram-vendas-mundiais-em-2019-no-brasil-pes-encosta>. Acesso em: 1º out. 2019.

WMF – World Minifootball Federation. Disponível em: <http://www.minifootball.com/>. Acesso em: 1º out. 2019.

ZABALA, A. **A prática educativa**: como ensinar. Porto Alegre: Artmed, 1998.

ZAGO, L. C. **Os sistemas de transições no futebol**. Disponível em: <HTTPS://UNIVERSIDADEDOFUTEBOL.COM.BR/O-SISTEMA-DE-TRANSICOES-NO-FUTEBOL/>. Acesso em: 1º out. 2019.

Bibliografia comentada

FRANCO JÚNIOR, H. **A dança dos deuses**: futebol, sociedade e cultura. São Paulo: Companhia das Letras, 2007.
A obra traz uma abordagem geral da análise histórica do futebol relacionada à evolução das regras. O futebol é destacado em diversas áreas de conhecimento, como a sociologia, antropologia, religião, psicologia e linguística.

FOER, F. **Como o futebol explica o mundo**: um olhar inesperado sobre a globalização. Tradução de Carlos Alberto Medeiros. Rio de Janeiro: J. Zahar, 2005.
Franklin Foer aborda as consequências da globalização para o futebol moderno. O autor analisa as rivalidades entre as torcidas organizadas em diferentes lugares do mundo, relacionando-as a fanatismos religiosos e políticos e a uma cultura de ofensa e violência cuja origem é externa ao futebol. O livro ainda relata as relações dos dirigentes de futebol com a política e o fenômeno da elitização do esporte.

FREIRE, J. B. **Pedagogia do futebol**. Londrina: Midiograd, 1998.
Pensando num processo de ensino-aprendizagem do futebol, João Batista Freire descreve sobre a metodologia de ensino do futebol, destacando alguns princípios e condutas pedagógicas presentes nessa modalidade. De forma narrativa, o autor resgata o futebol como uma experiência de vida, de prazer e arte, sem que se perca a liberdade criativa dos praticantes.

DAOLIO, J. B. **Cultura**: educação física e futebol. 3. ed. rev. Campinas: Ed. da Unicamp, 2006.
Livro de referência para os alunos dos cursos de Educação Física e profissionais da área, principalmente para aqueles que já estão trabalhando ou que desejam trabalhar nas instituições escolares. Trata-se de uma coletânea de 14 textos com enfoque na abordagem cultural, que analisam

a educação física e o futebol como fenômenos integrantes da dinâmica social humana. Partindo dessa visão, a paixão dos brasileiros pelo futebol ganha um via explicativa, e a construção da representatividade no trabalho do professor de Educação Física se torna mais simples e reflexiva.

GALEANO, E. **Futebol ao sol e a sombra**. Porto Alegre: L & PM,1995.

O escritor uruguaio Eduardo Galeano apresenta uma leitura íntima e subjetiva do futebol, refletindo sobre a paixão que move multidões na frente da televisão ou nas arquibancadas dos estádios. Porém sua leitura não é ingênua. Ele aborda também a verdadeira face das políticas e dos interesses financeiros presentes nos bastidores desse grande espetáculo. Para tanto, o autor busca explicar os fenômenos ocorridos dentro e fora das quatro linhas.

Anexo

Modelo de Scout

EQUIPE:			
DATA DO JOGO:			
CAMPEONATO:			

	ELEMENTOS DE ANÁLISE	1º TEMPO	2º TEMPO	TOTAL
AÇÕES CERTAS	CHUTES			
	PASSES			
	DOMÍNIO			
	DRIBLES			
	CONDUÇÃO DE BOLA			
	CABECEIOS AO GOL			
AÇÕES ERRADAS	CHUTES			
	PASSES			
	DOMÍNIO			
	DRIBLES			
	CONDUÇÃO DE BOLA			
	CABECEIOS AO GOL			

Respostas

Capítulo 1
Atividades de autoavaliação
1. a
2. a
3. c
4. e
5. c

Capítulo 2
Atividades de autoavaliação
1. a
2. c
3. c
4. c
5. a

Capítulo 3
Atividades de autoavaliação
1. b
2. d
3. c
4. a
5. e

Capítulo 4

Atividades de autoavaliação

1. a
2. c
3. b
4. e
5. e

Capítulo 5

Atividades de autoavaliação

1. c
2. e
3. c
4. d
5. b

Capítulo 6

Atividades de autoavaliação

1. a
2. b
3. c
4. a
5. a

Sobre os autores

Emerson Liomar Micaliski é graduado em Educação Física pela Pontifícia Universidade Católica do Paraná (PUCPR), especialista em Educação Física Escolar pelo Centro Universitário Internacional (Uninter) e mestre em Teologia e Sociedade pela PUC-PR. Tem experiência como professor de Educação Física nas redes pública e privada da educação básica e nos cursos de licenciatura e bacharelado em Educação Física. Atualmente, é coordenador dos cursos de especialização na área desportiva da Uninter e professor da Secretaria Municipal de Educação de Curitiba.

Marina Toscano Aggio de Pontes é graduada em Educação Física pela Universidade Tuiuti do Paraná (UTP) e em Pedagogia pelo Centro Universitário Internacional (Uninter), especialista em Docência do Ensino Superior pelas Faculdades União das Américas e mestre em Educação: Processo de Ensino, Gestão e Inovação pelo Centro Universitário de Araraquara. Tem experiência na área de Educação Física Escolar e em esporte de alto rendimento, com passagens pela Seleção Brasileira de Futebol Feminino e Seleção Brasileira Universitária de Futebol Feminino. Atualmente é professora dos cursos de licenciatura em Educação Física e bacharelado do Centro Universitário Internacional (Uninter) nas modalidades Ensino à Distância (EaD) e Semipresencial.

Os papéis utilizados neste livro, certificados por instituições ambientais competentes, são recicláveis, provenientes de fontes renováveis e, portanto, um meio sustentável e natural de informação e conhecimento.

FSC
www.fsc.org
MISTO
Papel produzido a partir de fontes responsáveis
FSC® C057341

Impressão: Log&Print Gráfica e Logística S.A.
Dezembro/2021